职业教育系列教材

沟通技巧

Goutong Jiqiao

主　编　吕桂红
副主编　李　琦　杨　静　向　华
　　　　张如芬　罗通平
参　编　王　磊　刘　妍　曹　莉

重庆大学出版社

图书在版编目（CIP）数据

沟通技巧 / 吕桂红主编. --重庆：重庆大学出版社，2013.8（2022.8重印）
职业教育系列教材
ISBN 978-7-5624-7386-2

Ⅰ.①沟… Ⅱ.①吕… Ⅲ.①心理交往–职业教育– 教材
Ⅳ.①C912.1

中国版本图书馆CIP数据核字（2013）第114723号

沟通技巧

主 编 吕桂红
副主编 李 琦 杨 静 向 华 张如芳 罗通平
参 编 王 磊 刘 妍 曹 莉

责任编辑：蹇 佳　　版式设计：三间田+胡 越 罗 静
责任校对：任卓惠　　责任印制：赵 晟

*

重庆大学出版社出版发行
出版人：饶帮华
社址：重庆市沙坪坝区大学城西路21号
邮编：401331
电话：（023）88617190　88617185（中小学）
传真：（023）88617186　88617166
网址：http://www.cqup.com.cn
邮箱：fxk@cqup.com.cn（营销中心）
全国新华书店经销
重庆升光电力印务有限公司印刷

*

开本：787mm×1092mm　1/16　印张：10.5　字数：229 千
2013年8月第1版　2022年8月第5次印刷
印数：9 501—11 500
ISBN 978-7-5624-7386-2　定价：32.00元

沟通的世界

学会沟通，

你可以了解别人；

运用沟通，

你可以表达自己；

透过沟通，

可以建立和谐的人际关系。

搭建沟通理念，

从"赢在行动"到"体现效率"，

带你轻松学会沟通并理解沟通内涵。

掌握沟通技巧，

让你与长辈、朋友、陌生人沟通无障碍，

在社交、求职、推销各个领域工作游刃有余，

训练沟通能力，

自如纵横职场，快乐面对生活，

实现工作简单高效，生活绚烂多彩，人生丰富多彩！

沟通让我们的工作简单高效

美国石油大王洛克菲勒说过："假如人际沟通的能力也是同糖或者咖啡一样的商品，我愿意付出比太阳底下任何东西都昂贵的价格购买这种能力。"在工作中合理自如地运用沟通艺术，将对人际关系产生良好的促进作用，进而帮助成就事业。

但沟通不是人天生就具备的，它不是一种本能，而是一种能力，是在工作实践中培养和训练出来的。怎样运用沟通指导工作，使我们的工作简单高效呢？沟通的过程，实质上是一个人的意识、思维方式、思维习惯和观念改变的过程，这个过程也即是人生发展的转换过程。工作顺利转换的关键其实很简单，就是把无意识沟通转化为有意识的沟通、科学的沟通，通过有意识的转换改变工作节奏，让它朝着科学的、健康的方向发展。

沟通让我们的生活绚烂多姿

快乐从沟通开始！成功从沟通开始！通过沟通，你可以了解别人，和别人建立各种不同的关系，有的是朋友，有的是工作伙伴，有的是同窗好友，有的是爱人。理性的逻辑力量尤其是巧妙的情商智术帮助我们打开人心的大门。掌握沟通技巧，即掌握了打通人心的策略。

好人缘是成大事者的必备因素之一，沟通是建立和谐人际关系的桥梁！虽然每一个人都是独特的，各自的喜好不同，对事物的看法也不同，但有效运用沟通，学会寻找别人所喜欢、所追求的东西，将沟通的结果作为判断远近亲疏关系的标准，就能在人际关系中如鱼得水，让生活每天都绚烂多姿。

沟通让我们的人生丰富多彩

沟通行为发生在所有有人存在的地方，沟通与所有人的人生发展息息相关。不善于沟通的人，人生发展常常举步维艰、步步艰难；善于沟通的人，人生发展往往丰富多彩、步步顺利。沟通是人生经历中开启成功的金钥匙，成功的沟通使你收获财富与安慰，收获快乐与成功！

沟通在人的一生中具有重要的意义。人一生中清醒时都在沟通，把握沟通与人生密切的、直接的关系，我们的生活就会减少很多不和谐的因素，工作会更加轻松自如，人生也会由此而更加快乐和精彩。沟通可提升个人的生活质量，进而促进社会的和谐。

编者

2013年1月

沟通理念篇

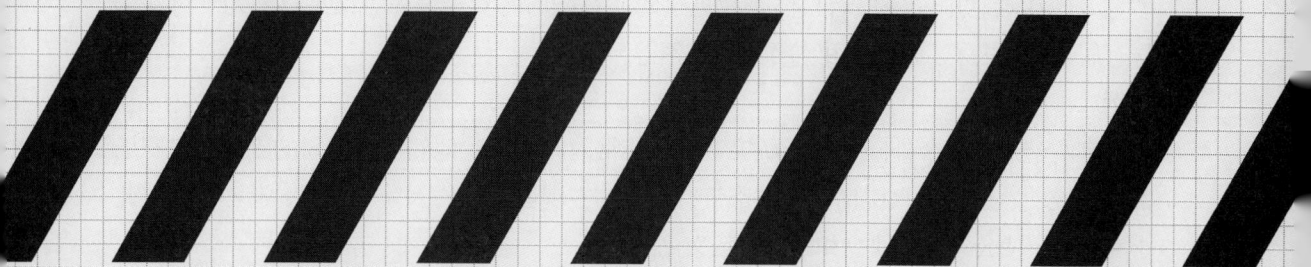

Chapter 1

理解沟通　祝你成功

金点子

沟通是人生第一工具。

——邹中棠

职场要成功，全靠去沟通；沟通到了位，事半又功倍。

——邹中棠

1.1　理解沟通内涵，沟通赢在行动

沟通导航

①了解沟通定义，理解沟通内涵；

②理解沟通的作用。

每个人都渴望成功，而著名的人际关系学家戴尔·卡耐基曾经说过："一个人成功的因素，归纳起来，15%得益于他的专业知识，85%得益于良好的社交能力。"这里的社交能力，就是指沟通能力。

美国著名学府普林斯顿大学对一万份人事档案进行分析，结果发现："智慧""专业技术"和"经验"只占成功因素的25%，其余75%决定于良好的人际沟通。

两个权威都道出了成功者的秘诀：职场决胜在沟通。谁拥有高超的沟通能力，谁就可以成就精彩的人生。

沟通案例

案例一：

一位未婚的领导和秘书出席一次品牌推广活动。领导一直在夸某位女士，领导说："你是本次活动中的佼佼者！你是我见过的最有能力的女士……"结果秘书为了讨好领导，居然说媒去了。领导被秘书弄得哭笑不得。

案例二：

有两个人，一个外向喜欢开玩笑，一个非常内向稳重。他们都是公司的副总，在职场都非常成功，但两个人说话、办事都带有一定的主观性。最后因为志不同、道不合而彼此小看对方，使公司无法建立和谐的团队文化。

案例三：

　　某公司的领导安排手下处理国外订单，每次都完不成任务。手下四个员工组成一个流水线，每个人都有合理的理由，把问题抛给同事。小赵说小李订单下晚了，小钱说小赵延误了，小王说小钱发了邮件，没有打电话通知他。总之，每个人都有理由，领导经常被弄得无计可施。

　　分析：

　　案例一的秘书不懂得沟通的潜规则；嘴里说的不一定代表心里想的，夸奖并不完全代表真心真意。

　　案例二的同事之间因为话不投机而导致整个公司不和谐。同事之间应该尊重对方的兴趣、爱好和价值观，不能由着性子信口开河，不顾别人的感受。

　　案例三的四个员工由于沟通不到位而相互推诿责任，不仅使公司的利益和形象受损，而且还影响了同事关系和员工个人的职业发展。

　　结论：

　　一切问题都是沟通出了问题。

沟通知识

　　职场决胜在沟通。没有沟通，一切都是梦幻泡影。沟而不通是职场人最大的失败。那么，什么是沟通？沟通的内涵是什么？沟通真的那么重要吗？

■ 1.1.1　了解沟通定义，理解沟通内涵

　　"沟通不就是人与人打交道那点儿事嘛，别整得那么玄乎！"

　　"沟通很简单，所有人都会沟通！"

　　"沟通不就是请客吃饭、聊天、谈心、谈判、唱歌、跳舞、喝茶、送礼嘛！"

　　这些理解都对，但语言都太过通俗，而且还没有准确地概括出沟通的重要性。那么，怎样定义沟通呢？沟通是人与人之间、人与群体之间思想与感情地传递和反馈的过程，以求思想达成一致和感情的通畅。沟通包括语言沟通和非语言沟通，语言沟通包括口头语言沟通和书面语言沟通，非语言沟通包括声音语气（比如音乐）、肢体动作（比如手势、舞蹈、武术、体育运动等）。最有效的沟通是语言沟通和非语言沟通的结合。

　　沟通有着极为丰富的内涵，只有弄清楚沟通是怎么一回事，才可能进行有效沟通。

（1）沟通是一种被感知

　　一位长者曾提出过一个问题："若林中树倒时无人听见，会有声响吗？"答曰："没有。"树倒了，确实会产生声波，但除非有人感知到了，否则就是没有声响。沟通只在有

接受者时才会发生。

与他人说话时必须依据对方的经验。

有效的沟通取决于接受者如何去理解。

如果一个经理人和一个半文盲员工交谈，他必须用对方熟悉的语言，考虑对方的教育背景、过去的经历以及他的情绪，否则结果可想而知。另外，还需要修正语句背后想要表达的看法。例如经理告诉他的助手："请尽快处理这件事，好吗？"助手会根据老板的语气、表达方式和身体语言来判断，这究竟是命令还是请求。德鲁克说："人无法只靠一句话来沟通，总是得靠整个人来沟通。"

所以，无论使用什么样的方式，沟通的第一个问题必然是：这一信息是否被感知？是否在接受者的接收范围之内？他能否收到？他如何理解？

（2）沟通是一种期望

就沟通要达到的预期效果来说，在进行沟通之前，了解接受者的期待是什么尤为重要。只有这样，我们才可以知道是否能利用他的期望来进行沟通。因为我们所察觉到的，都是我们期望察觉到的东西：我们的心智模式会使我们强烈抗拒任何不符合其"期望"的企图，出乎意料的事通常是不会被接受的。

一位经理安排一名主管去管理一个混乱的生产车间。派谁去？谁愿意去？如何与候选人沟通？经理选定以愿望为突破口。他开始了解候选人的期望，如果是一位积极进取的年轻人，经理就决定告诉他，管理生产车间更能锻炼和反映他的能力，今后还可能会得到进一步的提升；相反，如果候选人只是得过且过，经理就决定告诉他，由于公司精简人员，他必须去车间，否则就只有离开公司。

> A对B说："我要离开这个公司。我恨这个公司！"B建议道："我举双手赞成！不过你现在离开，还不是最好的时机。" A问："为什么？"B说："如果你现在走，公司的损失并不大。你应该趁着在公司的机会，拼命去为自己拉一些客户，成为公司独挡一面的人物，然后带着这些客户突然离开公司，公司才会受到重大损失。"A觉得B说得非常在理。于是努力工作，事遂所愿，半年多的努力工作后，他有了许多的忠实客户。再见面时B问A："现在是时机了，要跳赶快行动哦！"A淡然笑道："老总跟我长谈过，准备升我做总经理助理，我暂时没有离开的打算了。"
>
> A对公司的期望大于了公司对他的期望，因此才会觉得怀才不遇。只有付出大于得到，让老板真正看到你的能力大于位置，才会给你更多的机会替他创造更多利润。

（3）沟通是一种要求

人们一般不会做不必要的沟通。沟通总是会产生要求，它总是要求接受者成为某人、完成某事、相信某种理念。 换言之，如果沟通能够符合接受者的渴望、价值与目的的话，它就具有说服力，这时沟通会改变一个人的性格、价值、信仰与渴望。假如沟通违背了接受者的渴望、价值与动机时，可能一点也不会被接受，或者最坏的情况是受到抗拒。

有一天晚上，索尼董事长盛田昭夫按照惯例走进职工餐厅与职工一起就餐、聊天。多年来，他一直保持着这个习惯，以培养员工的合作意识和与他们的良好关系。

这天，盛田昭夫忽然发现一位年轻职工郁郁寡欢，满腹心事，闷头吃饭，谁也不理。于是，盛田昭夫就主动坐在这名员工对面，与他攀谈。几杯酒下肚之后，这个员工终于开口了："我毕业于东京大学，有一份待遇十分优厚的工作。进入索尼之前，对索尼公司崇拜得发狂。当时，我认为我进入索尼，是我一生的最佳选择。但是，现在才发现，我不是在为索尼工作，而是为课长干活。坦率地说，我这位课长是个无能之辈，更可悲的是，我所有的行动与建议都得课长批准。我自己的一些小发明与改进，课长不仅不支持，还挖苦我癞蛤蟆想吃天鹅肉、有野心。对我来说，这名课长就是索尼。我十分泄气，心灰意冷。这就是索尼？这就是我的索尼？我居然放弃了那份优厚的工作来到这种地方！"

这番话令盛田昭夫十分震惊。他想，类似的问题在公司内部员工中恐怕不少，管理者应该关心他们的苦恼，了解他们的处境，不能堵塞他们的上进之路，于是产生了改革人事管理制度的想法。

（4）沟通可以获取信息，但信息不是沟通

沟通一般都是带着一定的目的进行的，必然会获得相应的信息，但信息并不是沟通。公司年度报表中的数字是信息，而在每年一度的股东大会上董事会主席的讲话则是沟通。当然这一沟通是建立在年度报表中的数字之上的。沟通是信息的传递过程，但和信息不是一回事。

信息与人无涉，不是人际间的关系。它越不涉及诸如情感、价值、期望与认知等人的成分，它就越有效力且越值得依赖。信息可以按逻辑关系排列，技术上也可以储存和复制。信息过多或不相关都会使沟通达不到预期效果。而沟通是在人与人之间进行的。信息是中性的，而沟通的背后都隐藏着目的。沟通由于沟通者和接受者的认知和意图不同而显得多姿多彩。

■ 1.1.2   理解沟通的作用

沟通的作用主要有控制、协调、激励、交流等作用。有效的沟通不仅能传递意义，还对其加以理解并让各方达成共识。在企业的实际经营管理中，有效的沟通所起的作用是显而易见的。

（1）控制

控制是指员工必须遵守组织中的权力等级和指导方针，执行企业的行为规范。而要做到这些，必须通过沟通才能把企业的方针政策传达给员工，并把员工的不满和抱怨反馈给管理层，以适时调整，使控制真正得以实现。在实际工作中，只有经过这么一个有效的沟通过程，公司的新决策才能得到准确、有效的实施。

（2）协调

有效沟通是协调各个体、各部门，形成良好企业文化的途径。各部门间能否及时消除误解、密切合作，不仅关系到同事间的团结，而且关系到公司中心工作的顺利完成，严重的会影响到公司的安全。每个部门要想做到有效沟通就应该擅长相互理解，不断调整自己的沟通风格，保证信息接收和理解的准确性，才能保证部门间合作沟通所依据的信息的客观和准确性，即沟通的有效性，促进部门间的团结和合作，保持工作的高效性，避免不必要的损失发生。

这就是沟通的谐调作用所产生的威力。

美国汽车制造业在没有引进团队精神前，每一个零件都是行业内最好的，但是组合起来汽车的性能远远比不过单个零件质量相较落后的日本汽车。原因很简单，美国汽车制造商在生产每一个部件时各个部门没有通力合作，更没有事先对汽车的性能做良好的沟通，而日本汽车制造商这样做了。

（3）激励

在实际生活和工作中，每个员工都有要求得到他人尊重和自我价值实现的需要，即被激励、被赏识的需要。一个优秀的管理者就是要通过有效的沟通转变职员对工作的态度、对生活的态度，通过激励使职员从懒散的精神状态中解脱出来，激发他们的工作热情和潜力，把员工改造成充满乐观精神、积极向上的人。在实际的沟通激励工作中，对待不同的职员，管理者应采取不同的沟通激励方式。管理者的有效沟通一定能创造出和谐的工作环境和气氛，增强员工的责任感和对公司的归属感，激励员工成为绩效杰出者。

> 一只新组装好的小钟放在了两只旧钟当中。两只旧钟"滴答滴答"一分一秒地走着。
>
> 其中一只旧钟对小钟说："来吧，你也该工作了。可是我有点担心，你走完3200万次以后，恐怕便吃不消了。"
>
> "天哪！3200万次。"小钟吃惊不已。"要我做这么大的事？办不到，办不到。"
>
> 另一只旧钟说："别听他胡说八道。不用害怕，你只要每秒滴答摆一下就行了。"
>
> "天下哪有这样简单的事情。"小钟将信将疑，"如果这样，我就试试吧。"
>
> 小钟很轻松地每秒钟"滴答"摆一下，不知不觉中，一年过去了，它摆了3200万次。
>
> 沟通的思维、角度不同，效果就完全不同。

🏠 拓展练习

沟通十大潜规则你知多少？

① 惺惺相惜，人都愿意和自己相似的人交朋友。

② 人都喜欢听好话，微笑是沟通的通行证。

③ 人越成功，沟通成本越低。

④ 嘴里说的不一定代表心里所想的。

⑤ 级别不对等的人不可能成为朋友。

⑥ 人心崇拜英雄，因此，骨子里愿意和英雄沟通。

⑦ 下级以上级标准为标准，不成功以成功为标准。

⑧ 情商共鸣是沟通的潜规则。

⑨ 你不承认别人，别人就不承认你。

⑩ 人们只对自己感兴趣的人和事感兴趣。

1.2 遵循沟通守则，沟通体现效率

沟通导航

①了解沟通的重要性；
②掌握恰当运用沟通守则的技巧。

沟通案例

公司为了奖励市场部的员工，制定了一项海南旅游计划，名额限定为10人。可是13名员工都想去，部门经理需要再向上级领导申请3个名额，如果你是部门经理，你会如何与上级领导沟通呢？

无效沟通案例：

部门经理向上级领导说："朱总，我们部门13个人都想去海南，可只有10个名额，剩余的3个人会有意见，能不能再给3个名额？"

朱总说："筛选一下不就完了吗？公司能拿出10个名额就花费不少了，你们怎么不多为公司考虑？你们呀，就是得寸进尺，不让你们去旅游就好了，谁也没意见。我看这样吧，你们3个做部门经理的，姿态高一点，明年再去，这不就解决了吗？"

"达标"沟通案例：

部门经理："朱总，听说去旅游，大家非常高兴，非常感兴趣，觉得公司越来越重视员工了。领导不忘员工，真是让员工感动。朱总，这事是你们突然给大家的惊喜，不知当时你们如何想出此妙意的？"

朱总："真的是想给大家一个惊喜，这一年公司效益不错，是大家的功劳，考虑到大家辛苦了一年。第一，年终了，是该轻松轻松了；第二，放松后，才能更好地工作；第三，是增加公司的凝聚力。大家高兴，我们的目的就达到了，就是让大家高兴的。"

部门经理："也许是计划太好了，大家都在争这10个名额。"

朱总："当时决定10个名额是因为觉得你们部门有几个人工作不够积极。你们评选一下，不够格的就不安排了，就算是对他们的一个提醒吧。"

部门经理："其实我也同意领导的想法，有几个人的态度与其他人比起来是不够积极，不过可能有一些生活中的原因，这与我们部门经理对他们缺乏了解，没有及时调整有关系。责任在我，如果不让他们去，对他们打击会不会太大？如果这种消极因素传播开来，影响不好吧？公司花了这么多钱，如果因为这3个名额降低了效果就太可惜了！我知道公司每一笔开支都要精打细算。如果公司能拿出3个名额的费用，让他们有所感悟，促进他们来年改进，那么他们多给公司带来的利益要远远大于这部分支出的费用。不知道我说的有没有道理。公司如果能再考虑一下，让他们去，我会尽力与其他两位部门经理沟通好，在这次旅途中每个人带一个，帮助他们放下包袱，树立有益公司的积极工作态度。朱总您能不能考虑一下我的建议？"

朱总："你说得有道理。那好吧，同意你的方案，希望能收到很好的效果！"

分析：

前者迷路原因：①只顾表达自己的意志和愿望，忽视对方的表现及心理反应；②以自我为中心，不尊重对方，不为对方着想。

后者成功原因：①注重了有效沟通四大要素：提问、倾听、欣赏、建议；②尊重对方，站在对方立场为对方着想。

结论：

有效沟通的重要性可见一斑。

💬 沟通知识

沟通已经成为当今最流行、使用频率最高的词汇之一。无论是上下级之间、同事之间，还是客户之间的有效沟通都变得非常重要。

■ 1.2.1 了解沟通的重要性

企业中有"两个70%"可以很直观地反映沟通在企业里面的重要性。

第一个70%：指企业中有70%的时间花在沟通上。开会、谈判、谈话、做报告等是最常见的沟通形式。

第二个70%：指企业中有70%的问题是由于沟通障碍引起的。如效率低下、执行力差、领导力不高等，都与沟通能力的欠缺有关，都是由于缺少沟通或不懂得沟通引起的。

> 小王和小张都是中层干部，小王非常激进，小张比较冷静，潜意识里，他们都认为彼此的性格相差很大，不适合做朋友。很偶然的，他们有了一次促膝谈心的机会。小王说："张哥，其实我很在乎你对我的评价！"小张很意外，因为他一直觉得非常张扬的小王根本没把自己放在眼里。他急忙回应道："我一直觉得很自卑，没有想到你很看重我，谢谢你给我自信。"从此以后，他们成了朋友。

误解是朋友间最大的敌人。敞开心扉、抛开成见，沟通连接两人，架起了友谊之桥。因此，了解有效沟通的步骤，进行良性沟通，效果就会截然不同。

第一步：倾听，对以前成绩进行肯定（赞扬）。

第二步：提出建设性意见或建议。"这次事情如果这样做会有更好的结果"（良性改进意见）。

第三步：提出希望、祝愿。"我相信你如果多加思考，肯定能把这件事做得非常出色"（对批评者的期望与鼓励及暗中施加压力）。

第四步：随时提供帮助。"需要我的帮助，随时告诉我"（告诉批评者你对他是善意的，为他着想的）。

一位盲人每天回家都要走一段漆黑的夜路，因为路太黑，行人之间总是磕磕碰碰，而盲人却从来没有被行人撞过。他虽然看不见，但总是打着灯笼。人们非常诧异："这个盲人真有意思，明明看不见，却总是打着灯笼走路。"禅师也不解其意，于是去问盲人："你真是盲人吗？"忙人说："是的，我生下来就没有见过一丝光亮，对我来说，白天和黑夜是一样的，我甚至不知道灯光是什么样的。"禅师更迷惑了，问道："既然这样，你为什么还要打灯笼呢？你甚至不知道灯笼是什么样子，灯光给人的感觉是怎样的。"盲人说："我听人说，每到晚上，人们都变成了和我一样的盲人，因为夜晚没有灯光，所以我就在晚上打着灯笼出来。"禅师感叹道："原来你所做的一切都是为了别人！"盲人沉思了一会，回答道："不是，我是为了我自己！"禅师更迷惑了，问道："为什么呢？"盲人答道："你刚才过来有没有被别人撞到过？"禅师答道："有呀，就在刚才，我被两个人不小心碰到了！"盲人说："我是盲人，什么也看不见，但我从来没有被人撞到过。因为我的灯笼既为别人照了亮，也让别人看见了我，这样他们就不会因为看不到我而撞到我了。"禅师顿悟，感叹道："我辛苦奔波就是为了找佛，其实佛就在我身边啊！"

这个故事告诉我们：

无效沟通因为没有真诚和付出精神，因此失败。人只有在付出中才会彰显人格，才会有收获。

■ 1.2.2 恰当运用沟通守则的技巧

沟通不可避免。有效沟通更是事半功倍。有没有职场沟通的守则，让初入职场的我们有章可循呢？

（1）职场有"四大"沟通守则

①维护自尊，加强自信（诚恳、明确）。

②聆听及表示了解感受（对情况及感受作出回应）。

③微询意见，鼓励参与（用开放式来解决问题）。

④与别人分享自己意见、想法、感受及原因。

（2）沟通"六不"原则

①不主观——不以个人认知、主观想法来引导个案。

②不暗示——不做任何提示，预设立场沟通个案。

③不评估——对个案所说内容不做任何建议或评估，不植入自己的想法。

④不批判——不对个案内容做任何形式的批判或惩罚。

⑤不多话——不能将个案内容对外宣说，完成沟通后安静离开不做其他讨论。

⑥不教诲——不训斥个案行为或教导建议任何内容给个案。

（3）提升沟通力的"二八"法则

沟通的"二八"法则是用80%的时间去问、去听，让人回答，再用20%的时间决定如何做。

沟通体验

职场中一些看似简单的道理经常被我们忽视，以下盘点了12条简单但却重要的职场守则，希望能对职场的你有一些帮助和警示。

①工作是为了让生活过得更好，如果你的工作已经让你感觉到影响了你的生活质量，甚至夜不能寐、食不知味，让你心情低迷。虽然说人要知难而上，但如果努力了还没什么改变，又何必和自己为难呢，想开点，放手算了。要拿得起放得下，不然你会被自己不放手的东西压垮了。

②把人看得复杂一点，事情看得简单一点。事情都是人做出来的，看清了人，他做什么事情你都不会感到意外，也不会重复地吃同样的亏。

③除非你一无是处不值得说，否则你做得再好也一样有人在你背后说你是非。不要太在意别人说你什么，关键你自己认为自己做得到底对不对，如果你觉得对了，那就OK了。适当借鉴别人的意见，如果全盘接收，你会无所适从，不知道怎么去做。

④任何时候都保持风度，有理说理，有事说事。不管你在什么位置，面对任何人，哪怕是做卫生的阿姨。

⑤学会装糊涂，谁都有心情不好，抱怨发泄的时候。听到闲话了，只要不是当着你面说的，就当耳边风过去，没什么大不了的。

⑥办公室里嘴巴严一点好，少说多做。别以为这样会吃亏，你可能会吃小亏，但不会倒大霉。

⑦如果你确实有很多心眼可以耍，当然可以用。长袖善舞的人在这个社会确实很吃得开。但如果你没有那么聪明，那还是老实点比较好。否则碰上比你更精明的，你可能第一个吃大亏。

⑧保持端正的心态。不要和别人比，只和你自己比。

⑨学会感恩地面对一切，不是你付出的就一定有回报。没有，当做是正常；有了，当做是上天的恩赐。这样你才会快乐。

⑩不要用别人的错误惩罚自己。

⑪不要因为你不适合做的工作而怀疑你的工作能力。

⑫要懂得善待自己，时刻享受人生。除非你是工作狂，否则除了工作，你的生活里总还有点别的，比如友谊、家庭。工作不会跟你一辈子，但有些东西你一辈子都需要。

拓展练习

选出你认为最合适的与人交流、沟通的方式，圈出相应的字母。

①你上司的上司邀请你共进午餐，回到办公室，你发现你的上司颇为好奇，此时你会：

A.告诉他详细内容

B.不透露蛛丝马迹

C.粗略描述，淡化内容的重要性

②当你去主持会议时，有一位下属一直以不相干的问题干扰会场，此时你会：

A.要求所有的下属先别提出问题，直到你把正题讲完。

B.纵容下去。

C.告诉该下属在预定的议程之前先别提出别的问题。

③当你正在跟上司讨论事情，有人打长途电话进来找你，此时你会：

A.告诉上司的秘书说不在。

B.接电话，而且该说多久就说多久

C.告诉对方你正在开会，待会再回电话。

④有位员工连续四次在周末向你要求他想提早下班，此时你会：

A.我不能再容忍你早退了，你要顾及他人的想法。

B.今天不行，下午四点我要开会。

C.你对我们很重要，我需要你的帮助，特别是周末。

⑤你刚好被聘为某部门主管，你知道你还有几个人关注着这个职位，上班的第一天，你会：

A.找人个别谈话以确认哪几个人有意竞争职位。

B.忽略这个问题，并认为情绪的波动很快就会过去。

C.把问题记在心上，但立即投入工作，并开始认识每一个人。

⑥有位下属对你说："有件事我本不该告诉你的，但你有没有听到……"你会说：

A.我不想听办公室的流言。

B.跟公司有关的事我才有兴趣听。

C.谢谢你告诉我怎么一回事，让我知道详情。

参考答案：1.A 2.A 3.C 4.C 5.C 6.B

记分方法：回答正确得1分，错误得零分，得分在0~2分之间为较低，得分在3~4分之间为中等，得分在5~6分之间为最高。得分越高，表明你的沟通技能越好。

1.3　克服沟通障碍，掌握沟通技巧

沟通理念篇 | Chapter 1

沟通导航

①了解常见的沟通障碍；
②掌握克服沟通障碍的方法。

沟通案列

在一个古老的王国，美丽的公主爱上了英俊善良的青年侍卫。国王发现了他们之间的恋情，暴怒之下，青年被关进了监狱。国王让青年做出这样的选择：在竞技场里，面对全国的老百姓，他只能打开两扇门中的一扇：一扇门里是一头饥饿的狮子，打开后青年会被吃掉；一扇门里是全国最为年轻美丽的少女，打开后整个王国将会为青年与少女举办盛大的婚礼。

在抉择的头天晚上，公主偷偷去监狱看望了青年。

青年会选择哪扇门？这段爱情的结果如何？他们会有效沟通吗？他们的沟通有无障碍？

沟通知识

沟通始于障碍，有障碍才需要沟通。为什么会产生沟通障碍呢？

■ 1.3.1　是什么影响了沟通

（1）信任影响沟通

青年与公主的故事给出了否定的回答。故事告诉我们，当双方选择相同，信任与沟通是保持一致的；而当双方选择不一致时，信任并不一定能导致有效沟通，并且，沟通的结果反而可能招致不信任的产生。另外，由于信任属于意识，而沟通属于行为，意识并不一定代表行为必然发生。

（2）权力妨碍信任

没有人完全信任老板，因而也就无法保证有效沟通。管理者也就不能及时发现问题并提出解决办法。老板必须要让部属与企业的目标（利益）保持一致，还必须在企业内部建立有效的机制保障。在企业里，有效沟通并不会仅仅因为信任而产生，它必须通过建立有效机制来解决。所以，沟通不仅是一种艺术，更是一门科学。

《西游记》中，唐僧师徒西天取经经过81难，有几次完全是内部沟通障碍出了问题。比如《三打白骨精》，孙悟空绝对是对信息的本质把握最早、最清楚的人，但他性子急，没有充分把握沟通的机会。唐三藏虽然反应慢，但是毕竟是大家的师父，有约定俗成的权威。孙悟空擅自打死妖怪，冒犯了唐三藏的权威。后来不管孙悟空再怎么沟通，唐三藏对之也不再信任。

权力影响了沟通，也耽误了西天取经的行程，真是好事多磨呀！

■ 1.3.2　造成沟通障碍的因素

（1）语义上的障碍

对语言的表达能力不同、领悟力不同都会引起理解困难或误解，从而影响沟通。

秀才买柴

有一个秀才去买柴，他对卖柴的人说："荷薪者过来！"卖柴的人听不懂"荷薪者"（担柴的人）三个字，但是听得懂"过来"两个字，于是把柴担到秀才前面。秀才问他"其价如何？"卖柴的人听不太懂这句话，但是听得懂"价"这个字，于是就告诉秀才价钱。秀才接着说："外实而内虚，烟多而焰少，请损之。（你的柴外表是干的，里头却是湿的，燃烧起来，会浓烟多而火焰小，请减些价钱吧）。"卖柴的人因为听不懂秀才的话，担着柴就走了。

这则故事说明：用对方听得懂的语言进行沟通，是沟通成功的保障。

（2）知识水平的限制

当发送者和接受者在知识经验水平上相距太大时，有些在发送者看来很简单的的内容是接受者根本理解不了的。

推销梳子的故事

一个单位招聘业务员。由于公司待遇很好，所以很多人面试。经理为了考验大家就出了一个题目：让他们用一天的时间向和尚推销梳子。很多人都说这是不可能的，和尚是没有头发的，怎么可能向他们推销？很多人放弃了这个机会。但是有三个人愿意试试。第三天，他们回来了。第一个人卖了1把梳子，他对经理说：

"我看到一个小和尚，头上生了很多虱子，很痒，在那里用手抓。我就骗他说抓头用梳子抓，于是我就卖出了一把。"第二个人卖了10把梳子。他对经理说："我找到庙里的主持，对他说如果上山礼佛的人的头发被山风吹乱了，就表示对佛不尊敬，是一种罪过，假如在每个佛像前摆一把梳子，游客来了梳完头再拜佛就更好！于是我卖了10把梳子。"第三个人卖了3000把梳子！他对经理说："我到了最大的寺庙里，直接跟方丈讲，你想不想增加收入？方丈说想。我就告诉他，在寺庙最繁华的地方贴上标语，捐钱有礼物拿。什么礼物呢，一把功德梳。这个梳子有个特点，一定要在人多的地方梳头，这样就能梳去晦气梳来运气。于是很多人捐钱后就梳头，又使很多人去捐钱，一下子就卖出了3000把。"

这则故事说明：在沟通时，我们要针对对方的需求思考解决的策略，只有注重对方的价值观，才能达成自己的期望。

（3）知觉的选择性障碍

接受信息既受接受者的主观因素（个性特征、情绪、兴趣、需要、动机、态度、价值观等）的影响，又受发送者的客观因素（信息各部分的强度不同）的影响。

公主的月亮

一个小公主病了，她娇憨地告诉国王，如果她能拥有月亮，病就会好。国王立刻召集全国的聪明智士，要他们想办法拿月亮。总理大臣说："它远在35000里外，比公主的房间还大，而且是由熔化的铜所做成的。"魔法师说："它有15万里远，用绿奶酪做的，而且整整是皇宫的两倍大。"数学家说："月亮远在3万里外，又圆又平像个钱币，有半个王国大，还被粘在天上，不可能有人能拿下它。"国王又烦又气，只好叫宫廷小丑来弹琴给他解闷。小丑问明一切后，得到了一个结论：如果这些有学问的人说得都对，那么月亮的大小一定和每个人想的一样大、一样远。 所以当务之急便是要弄清楚小公主心目中的月亮到底有多大、多远。 于是，小丑到公主房里探望公主，并顺口问公主："月亮有多大？""大概比我拇指的指甲小一点吧！因为我只要把拇指的指甲对着月亮就可以把它遮住了。"公主说。"那么有多远呢？""不会比窗外的那棵大树高！因为有时候它会卡在树梢间。""用什么做的呢？""当然是金子！"公主斩钉截铁地回答。比拇指指甲还要小、比树还要矮，用金子做的月亮当然容易拿啦！小丑立刻找金匠打了个小月亮、穿上金链子，给公主当项链，公主好高兴，第二天病就好了。

只要弄清楚了发送者的意图，进行了有效沟通，办事的成功性自然也就保障了。

（4）心理因素的影响

由于人们的价值观不同，其他心理因素不同，在信息沟通过程中，很容易带上主观成分，因而也有意无意地歪曲了所要传递的信息。

（5）组织结构层次的影响

组织结构庞大，内部层次过多，经过的环节太多，都会有过滤的失真，积累起来，便会对沟通的效果带来不良的影响。

教授的裤子

一位教授精心准备一个重要会议上的演讲，会议的规格之高、规模之大都是他平生第一次遇到的。全家都为教授的这一次露脸而激动，为此，老婆专门为他选购了一身西装。晚饭时，老婆问西装合身不，教授说上身很好，裤腿长了两公分，但是能穿，影响不大。晚上教授早早就睡了。老妈却睡不着，琢磨着儿子这么隆重的演讲，西裤长了怎么能行，反正人老了也没瞌睡，就翻身下床，把西装的裤腿剪掉两公分，缝好烫平，然后安心入睡了。早上五点半，老婆睡醒了，因为家有大事，所以起来比往常早些，想起老公西裤的事，心想时间还来得及，便拿来西裤剪掉两公分，缝好烫平，惬意地去做早餐了。一会，女儿也早早起床了，看妈妈的早餐还没有做好，就想起爸爸西裤的事情，寻思自己也能为爸爸做点事情了，便拿来西裤，剪短两公分，缝好烫平……

这个裤子还能不能穿？

这则故事说明：教授没有明确目标和分工——裤子要不要剪短，由谁来剪断；其次老妈、老婆、女儿在行动之前没有征询家庭（项目组）其他成员的意见，所以造成吃力不讨好的结局。

（6）信息过量的影响

信息过量，超越了接受者的接受、理解程度，对接受者来说可能会产生抑制，从而妨碍沟通。信息并非越多越好，关键在适当。

20世纪80年代，有一对两地分居的夫妇，丈夫留学美国，妻子在国内上班。当时的电话资费非常贵，每分钟要二三十元钱，这对夫妇沟通的成本很高。后来他们想了一个既省钱又能保证每天都能沟通的办法。他们约定：电话铃响一声就挂断，含义是：我很好，不要挂念；电话铃响两声挂断，含义是：你的回信我收到了，请放心；电话铃响三声挂断，含义是:我的信件寄出，注意查收；铃响三声以后还不挂断，代表我确实有话要说，请接电话。

故事中的夫妇巧妙利用打电话的约定，将他们的沟通模式化、标准化，既简化了信息量，又大大节省了例行沟通的成本，一举两得，值得借鉴。

■ 1.3.3　克服沟通障碍有高招

（1）运用反馈

对于了解不准确或误解造成的沟通障碍，只要发送者运用反馈思路，就会减少此类问题的发生。这里的反馈可以是语言的，也可以是非语言的。如让接受者复述信息、绩效评估、晋升等。

一个替人割草打工的男孩打电话给一位陈太太说："您需不需要割草？"陈太太回答说："不需要了，我已请了割草工。"男孩又说："我会帮您拔掉花丛中的杂草。"陈太太回答："我的割草工也做了。"男孩又说："我会帮您把草与走道的四周割齐。"陈太太说："我请的那人也已做了，谢谢你，我不需要新的割草工人。"男孩便挂了电话，此时男孩的室友问他说："你不是就在陈太太那割草打工吗？为什么还要打这电话？"男孩说："我只是想知道我做得有多好！"

聪明的男孩巧妙地运用了反馈，用打电话的方式侧面了解到自己的服务质量，达到了有效沟通的目的。

（2）简化语言

发送者可以通过精心措辞、组织信息，考虑接受者的接受程度，来提高理解效果。

（3）积极倾听

让自己处于发送者的位置，集中全部注意力，可以提高积极倾听的效果，易于理解信息的真正内涵。

一天，美国知名主持人林克莱特访问一名小朋友，问他："你长大后想要当什么呀？"小朋友天真地回答："嗯……我要当飞机员！"林克莱特接着问："如果有一天，你的飞机飞到太平洋上空所有引擎都熄火了，你会怎么办？"小朋友想了想："我会先告诉坐在飞机上的人绑好安全带，然后我挂上我的降落伞跳出去。"

现场观众笑得东倒西歪时，林克莱特继续注视着这孩子，想看他是不是自作聪明。没想到，接着，孩子的两行热泪夺眶而出，这才使得林克莱特发觉这孩子的悲悯之情远非笔墨所能形容。林克莱特问他说："为什么要这么做？"小孩的答案透露出一个孩子真挚的想法："我要去拿燃料，我还要回来！"

　　你听别人说话时……你真的听懂了他说的意思吗？你懂吗？如果不懂，就请听别人说完吧，这就是"听的艺术"：①听话不要听一半；②不要把自己的意思，投射到别人所说的话上去。

（4）抑制情绪

情绪能使信息的传递严重受阻或失真。只有等情绪恢复平静时再来传递信息，才能尽可能地保障信息的准确性。

　　说话的"度"：急事，慢慢地说；大事，清楚地说；小事，幽默地说；没把握的事，谨慎地说；没发生的事，不要胡说；做不到的事，别乱说；伤害人的事，不能说；讨厌的事，对事不对人地说；开心的事，看场合说；伤心的事，不要见人就说；别人的事，小心地说；自己的事，听听自己的心怎么说；现在的事，做了再说；未来的事，未来再说；如果，对我有不满意的地方，请一定要对我说！

　　小心说话而且要"说好话"，话说出口之前先思考一下，不要莽莽撞撞地脱口而出。事情再怎么急迫，也要清楚地让大家知道问题以及来龙去脉。多数人往往是越急越说不清楚，反而耽误了时间。

（5）非语言提示

非语言提示在沟通中占据很大比重，因此，有效沟通者需十分注意自己的语调、行动等，保障它们也同样传达了所期望的信息。

　　有一个人因为生意失败，逼不得已变卖了新购的住宅，而且连他心爱的小跑车也脱了手，改以电单车代步。有一日，他和太太一起，相约了几对私交甚笃的夫妻出外游玩，其中一位朋友的新婚妻子因为不知详情，见到他们夫妇共乘一辆电单车来到约定地点，便冲口而出地问："为什么你们骑电单车来？"众人一时错愕，场面变得很尴尬，但这位妻子不急不缓地回应答："我们骑电单车，因为我想抱着他。"

　　妻子巧妙运用动作（抱丈夫）这个非语言提示化解了尴尬，并增强了和丈夫的情感交流。

沟通体验

找伙伴

所有参与者报出自己的生肖，但只允许用动作或叫声，任何人类的语言都不能使用，同时要求所有生肖相同的人站到一起。

①让每个人说出自己的生肖，看看谁站错了位置。

②组与组之间按照成语合并，如鸡飞狗跳、龙马精神、龙腾虎跃等，与其他组合并最多的组获得最高分。

拓展练习

自测：

请阅读以下内容，并记录下你每种沟通方式的情况。

①我需要很多技术性的行话来表达自己的意思。

A.很少　　　　B.经常

②当我不确定的时候，我企图用模糊的语言蒙混他人。

A.很少　　　　B.经常

③对于批评我很反感，不想听到。

A.很少　　　　B.经常

④妥协对于我来说是件困难的事。

A.很少　　　　B.经常

说明：如果你在每种沟通方式几乎都是经常，那么你要小心了，你存在一定的沟通障碍。

1.4　细节决定成败，沟通重在过程

沟通导航

①了解沟通常见的过程；
②掌握沟通过程中的技巧。

沟通案列

王老板是某地区的销售大户，小张就任销售代表以来就想结识王老板。于是小张打听到王老板的电话，约定了时间见面。按照约定的时间，小张来到王老板的办公室。一进门双方自我介绍了一下。

"王老板，早就听说您的大名了。没想到您这么年轻。"

"哪里哪里，已经是快55的人了，老了，快退休了。"

"是吗？看不出。您的身体很好，听说上次和某某厂家搞促销，一周跑5个地市。"小张伸出手掌。

"有时是这样的，生意不好做嘛，不拼命怎么行？"王老板微笑地说。

"那怎么吃得消？我刚做业务的时候也能做到，从今年开始就不行了，您看我才26。"

"还好，我每天都锻炼身体，坚持晨跑，本地的商业圈子里，可能就是我身体最好了。"王老板自豪地说。

"你从什么时候开始锻炼的……"小张问。

第一次见面，小张重点注重了一个细节：谈王老板的健康。因为王老板不大可能说自己年老了，不中用了，毕竟他有"一周跑5个地市"的事实。如果王老板自谦，也是站在前辈关心、爱护后辈的角度上的。所以上面的小张谈的就是"绝对正确"的事情，很可能博得王老板的好感。这样的方式可以打破双方第一次见面的"坚冰"，使以后的沟通更顺畅。

沟通知识

沟通过程包括五个要素，即沟通主体、沟通客体、沟通介体、沟通环境、沟通渠道。

①沟通主体指有目的地对沟通客体施加影响的个人和团体，诸如党、团、行政组织、家庭、社会文化团体及社会成员等。沟通主体可以选择和决定沟通客体、沟通介体、沟通环境和沟通渠道，在沟通过程中处于主导地位。

②沟通客体即沟通对象，包括个体沟通对象和团体沟通对象；团体的沟通对象还有正式群体和非正式群体的区分。沟通对象是沟通过程的出发点和落脚点，因而在沟通过程中具有积极的能动作用。

③沟通介体即沟通主体用以影响、作用于沟通客体的中介，包括沟通内容和沟通方法。沟通主体与客体间的联系，保证沟通过程的正常开展。

④沟通环境既包括与个体间接联系的社会整体环境（政治制度、经济制度、政治观点、道德风尚、群体结构），又包括与个体直接联系的区域环境（学习、工作、单位或家庭等），对个体直接施加影响的社会情境及小型的人际群落。

　　一位表演大师上场前，弟子告诉他鞋带松了。大师点头致谢，蹲下来仔细系好。等到弟子转身后，又蹲下来将鞋带解松。有个旁观者看到这一切，不解地问："大师，您为什么又要将鞋带解松呢？"大师回答道："因为我饰演的是一位劳累的旅者，长途跋涉让他的鞋带松开，可以通过这个细节表现他的劳累憔悴。""那你为什么不直接告诉你的弟子呢？""他能细心地发现我的鞋带松了，并且热心地告诉我，我一定要保护他这种热情的积极性，及时地给他鼓励。至于为什么要将鞋带解开，将来会有更多的机会教他表演，可以下一次再说啊！"

　　师徒二人都注意到了细节，并且及时进行了沟通，弟子博得了师父的好感，师父也感觉徒弟懂得感恩，注重细节，值得栽培。

　　⑤沟通渠道即沟通介体从沟通主体传达给沟通客体的途径。沟通渠道不仅能使正确的思想观念尽可能全、准、快地传达给沟通客体，而且还能广泛、及时、准确地收集客体的思想动态和反馈的信息，因而沟通渠道是实施沟通过程，提高沟通功效的重要一环。沟通渠道很多，诸如谈心、座谈等。

　　只有了解沟通过程中的每一个环节，注重过程中的每一个细节，才能无往不胜（图1）。

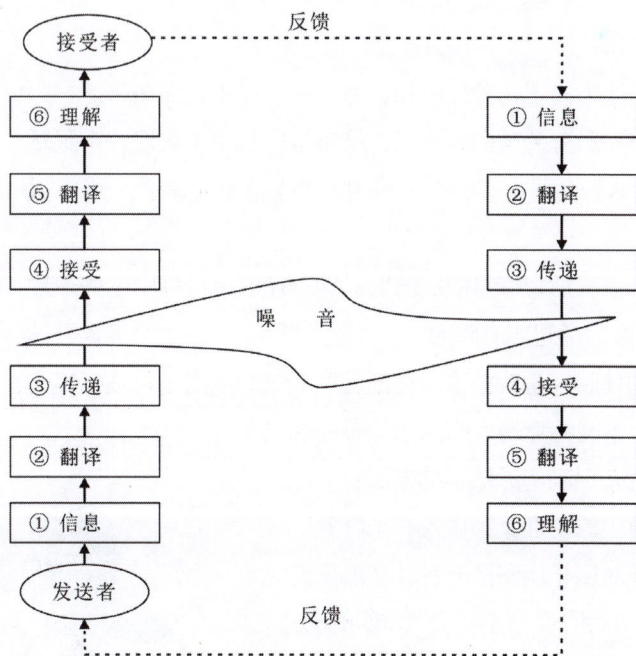

图1　沟通过程图

🏠 **拓展练习**

《寻找切入点》：看看谁能快速地与陌生人沟通。

①每人一份表格，用五分钟时间至少从三个参与者身上发现一个与自己的共同点和一个与自己的不同点，如共同点是：我们都毕业于某某学校；不同点是：我是重庆的，他是成都的。

②第一个完成任务的为优胜者，应给予奖励。

沟通体验

瞎子背瘸子

参与人数：全体参与，2人一组。

时间：45分钟（单组行动不得超过五分钟）

场地：可以设置障碍物的开阔场地，如操场。

道具：设置障碍物的道具，如桌子、椅子、绳子等。

应用：① 加深了解。

    ② 体会互助的意义。

    ③ 沟通技巧和表达能力的训练。

    ④ 互相信任。

步骤：① 在场地内设置各种障碍物，如桌子、椅子、绳子等。

    ② 所有人员分为为两人一组，给每组的其中一人发一个眼罩。

    ③ 所有人员位于起点，有眼罩的戴上眼罩扮演瞎子，另一名扮演瘸子，由瞎子背瘸子。

    ④ 口令下达后，每组依次出发，瘸子在这个过程中不能下地，瞎子不能摘下眼罩，两人共同努力通过所有障碍。

    ⑤ 老师计时，游戏结束后选出速度最快的小组进行适当奖励。

讨论：① 两个不同特点的人的沟通障碍在哪里？

    ② 是否有提高沟通效率的办法？

    ③ 小组中的沟通反馈做得好不好？

    ④ 瞎子对瘸子应保持一种什么态度？

    ⑤ 其余小组的信息会不会对本组的沟通造成影响？

    ⑥对于取长补短，有没有什么心得体会？

纵横职场篇

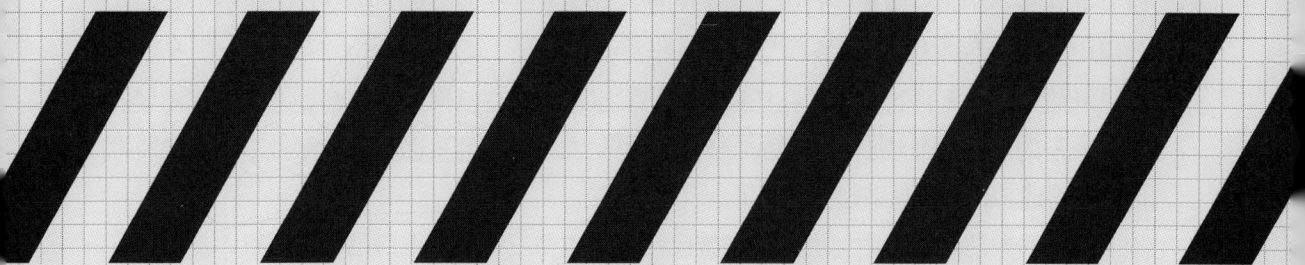

Chapter 2

上司青睐受器重　领导下属有技巧

金点子

　　人的一生中总会有那么几次机遇，机遇来了就看能不能抓住它；人一生中也总会遇到几个贵人，贵人在你的面前就看你能不能发现他，使他给你的事业带来转机。也许单位里的上司就是你生命中的贵人。聪明的人善于在沟通中赢得领导的青睐，进而使领导器重他。

2.1　克服"向上沟通没有胆"的心理障碍

沟通导航

①认识与上司沟通存在心理障碍的原因；
②克服与上司沟通的心理障碍。

沟通案例

李开复的故事

　　李开复初入微软时并不是很自信，见到了比尔·盖茨时也会紧张，非常担心自己会说错话。当时，对如何建立自己的自信，他也曾苦恼过。

　　有一天，机会来了：公司要进行改组，比尔·盖茨召集十多个人开会，要求每个人轮流发言。对于改组这个问题，李开复的看法和比尔·盖茨不同，于是轮到李开复发言的时候，他作了大胆的发言。他说："在我们这个公司里，员工智商比谁都高，但是我们的效率比谁都差，因为我们整天改组，而不顾及员工的感受和想法……"

　　李开复说完之后，大家鸦雀无声。会后，很多同事给他发电子邮件表示出了对他的自信和大胆的佩服。后来，比尔·盖茨不但接受了李开复的建议，改变了公司此次的改组方案，并在与公司副总裁开会时引用了他的话，劝大家开始改变公司的文化，不要总是陷在改组中，造成公司的智商相减。

　　从此，李开复再也不惧怕在任何人面前发言了，他在任何人面前都拥有了同样高度的自信。是的，在一个越来越强调人际交往和互动的现代社会里，凭着默默做事情就想脱颖而出获得成功，似乎越来越不可能了。

　　唯一的做法是，勇敢地说出和实施自己的想法和主张，尊重自己的话语权，然后尽一切可能去影响同事、上司、下属或客户，用自己的言语和行为打动他们，形成一种互动的集体的自信心。唯有自己昂首挺胸，在刀光剑影的职场里保持坚强的自信心，才有机会出人头地。

如果你认为自己是一个天生怕上司、怕领导的人，你应怎样克服心理障碍？从下面的沟通知识中去寻找答案吧！

沟通知识

■ 2.1.1　造成与上司沟通有心理障碍的原因

通过调查发现，其实很多认为自己天生怕领导的人，并不是真正怕领导，而是自己的沟通能力较弱。如果你每次在汇报工作中能准确表达出你的意思，得到上司同事的认同，你还会怕领导吗？

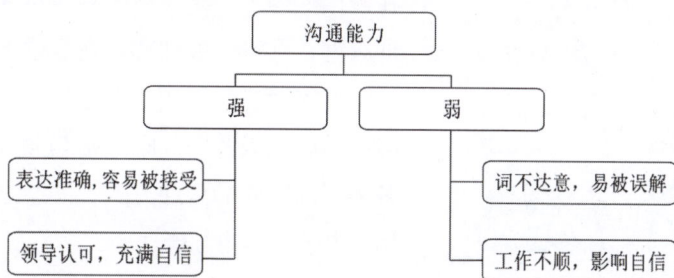

```
                    沟通能力
          ┌────────────┴────────────┐
          强                        弱
    ┌─────┴─────┐              ┌─────┴─────┐
表达准确,容易被接受         词不达意,易被误解
领导认可,充满自信           工作不顺,影响自信
```

■ 2.1.2　沟通能力不足的表现

沟通能力表现	结果及上司表现
汇报工作，缺乏清晰的观点	占用较多时间，引起情绪急躁
汇报工作，缺乏应有的资料和证据	上司难于决策
固执地捍卫自己的观点	引起争执，激起上司的对抗和排斥
过多使用上司不明白的术语和概念	上司产生紧张感，不愿沟通
更多地考虑自己的工作目标和需要	违背上司的初衷、利益以及价值观
沟通方式单一	形式不适用，结果不佳

以上种种，都是沟通能力不足的表现。沟通是一种重要的技能，在和上司的沟通中需要不断地提高自己的技能。

在沟通内容上，要坚持使自己观点清晰、重要内容有理有据，而且能够被理解。在沟通方式上，采用上司容易接受的沟通频率、语言风格、态度、情绪，刚开始的时候最好更多地采用面对面沟通的方式，熟悉之后可以采用电话、电子邮件的方式。

■ 2.1.3 如何克服与上司沟通的心理障碍

①抛弃"不宜与上司过多接触"的观念。

②不要怕在上司那里"碰钉子"。

③改进沟通技能，增强自信。

受中国传统文化的影响，我们或多或少地对上司保持着一定距离，这样让下属更有安全感。其实这种认识用在工作中并不合适。合理的沟通观念应该是：和上司沟通是工作中的重要职责，你需要从中了解上司的意图，获得上司的支持，把握自己未来的工作方向，在计划上统一步调，避免向不同的方向用力，影响整体工作效果。只有与上司良好的"沟通"才能使上司了解你的工作作风，确认你的应变与决策能力，理解你的处境，知道你的工作计划，接受你的建议……这些反馈到他那里的资讯，让他能对你有个比较客观的评价，并成为你日后能否提升的考核依据。

沟通是一种重要的技能。和上司沟通时，在谈话内容上，要使自己观点清晰、重要观点有理有据，且能够被理解。在表达方式上，采用上司容易接受的话语频率和措辞风格，且态度和情绪传递以积极为好。刚开始与领导沟通的时候，多采用面对面的沟通方式，熟悉之后可以采用电话、电子邮件的方式。

🏠 拓展练习

沟通测试

说服上级领导的能力自测表

说服领导的技巧	一惯如此 3分	经常如此 2分	很少如此 1分
①能自始至终保持自信的微笑，并且音量适中			
②善于选择领导心情愉快、精力充沛是作为谈话时机			
③已经准备好了详细的资料和数据以支持你的方案			
④对上级将会提出的各种问题胸有成竹			
⑤语言简明扼要，重点突出			
⑥和上级交谈时亲切友善，能充分尊重上级的权威			

14~18分：能在工作中自觉地运用沟通技巧，你是一个非常受欢迎的人，你的上级很赏识你。

7~13分：你已经掌握了很多沟通技巧，并已经尝试着在工作中运用。你的上级认为你是一个有潜力的人，但还需不断努力。

0~6分：你应该努力学习与上级沟通的技巧了，因为现在你与上级的关系很不融洽。适当地改善沟通技巧，可以帮助你充分发挥自己的才能，去争取更广阔的发展空间。

2.2　打通向上的阶梯——与上司沟通的技巧

沟通导航

①充分了解并掌握上司的内心活动；

②在职场中尊重领导，学会与领导主动沟通；

③学会巧妙应对上司问责；

④技巧性地说服你的上司。

沟通案例

单位上的饮水机坏了。你会怎么说？怎么做？

挑毛病的人会说：饮水机坏了，并弄得路人皆知。

提建议的会说：饮水机出了问题，如果维修要花多少钱、多久修好；如果是买新的要花多少钱、多久能安装好。了解清楚后并想好解决的方法。

试想，如果你是领导，你喜欢什么样的下属？

以上处理的不同后果是：饮水机难道不是领导批准买的吗？你一个人知道，提出解决办法，事情就可以在淡化中处理。如果许多人去提意见，事情扩大化了，这个时候往往会追究当初谁提议买的这个牌子的饮水机、谁批准的等，矛盾将会被扩大化，这个时候领导处理起来就非常棘手。

因此，没有任何一个领导会喜欢挑毛病并到处宣扬的下级。因此，在与上级沟通中，当我们发现问题的时候，尽可能地不要把问题扩大化，而要在小范围内解决。

沟通知识

向上沟通不同于普通的与下级和同级的沟通，很多沟通的技巧和方法要因人因时因地而定，多总结多积累，方能达成有效的沟通效果。

■ 2.2.1　了解领导内心，给予适度恭维

在日常生活和工作中，所有的领导者的内心都有被下属尊重和恭维的愿望，虽然他自己不说出口。在一定的场合，给予领导适度的恭维，不仅是必要的，有时候也是十分重要的。

①要了解上级领导的个性心理，才能方便沟通。

②找出领导的优点和长处，在适当的时候给予真挚的恭维。

③不要居功自傲，让功于上司是对领导最好的恭维。

人性中有一种最深切的秉性，就是被别人赞美。与领导交往时要永远记住，领导者都希望下属赞美他。要找出领导的优点和长处，在适当的时候给领导诚实而真挚的赞美。你可以请领导畅谈他值得骄傲的东西，请他指出你应该努力的方向，你要恭恭敬敬地掏出笔记本，把他谈话的要点记录下来。这样做会引起他的好感，他会觉得你是一个对他真心钦佩、虚心学习的人，是一个有培养前途的人。但是，恭维领导要掌握适度，并且是在确切了解对方内心世界的基础之上的恭维。

老子曰："曲则全，枉则直"。就是"委屈反而可以保全，弯曲反而可以伸直"，意思是告诫我们，为人处世不能过分骄纵，不要居功自傲。要懂得把一些荣耀主动让给他人。这样自然能够赢得别人的尊重。

《三国演义》第七十二回中有这样一个故事：

杨修自以为学富五年，才智出众，因而持才傲物，身在曹操的营帐中，却根本不把曹操放在眼里，常常口出狂言，做事也经常自作主张。杨修的行为让曹操大为恼火，终于找了个机会杀了他。

■ 2.2.2　懂得尊重领导，维护上司尊严

（1）交往把握尺度

领导者的权威不容挑战，有些领导的能力虽然平平，但不要因此认为这样的领导就是不中用的，他一定是有某种优点，所以他的领导才会提拔他。不论领导是否值得你敬佩，下属都必须尊重他。有的下属经常自以为比别人聪明，在与上司的沟通中，自觉或不自觉地流露出某种优越感，这种对上司的态度，结果可想而知。

正确的汇报事务或提问的方式	效果	错误的汇报事务或提问的方式	效果
目不斜视盯着对方的眼睛	增强语言的说服力，精力充沛、光明磊落	紧张不安，东张西望	缺乏说服力，不自信

正确的听取领导讲话的方式	效果	错误的听取领导讲话的方式	效果
要有所表情，大胆提问，听完后简要复述	头脑敏锐、率直认真	唯唯诺诺，无动于衷	反应迟钝、消极应付

与领导沟通，要把握尺度，不能无原则地扯关系。对领导交办的事情，要慎重。看问题要有自己的立场和观点，不能一味地附和。如果你确信自己在某件事上没有过错，就应该采取不卑不亢的态度。在必要的场合，只要你从工作出发，摆事实、讲道理，也不必害怕表达出自己的不同观点。对于领导者个人的事情，作为下属不能妄加评论。对领导提出的问题发表评论时，应当掌握恰当的分寸，有时候你点个头、摇个头，都会被人看做是对领导意图的态度，轻易地表态或过于绝对地评价都容易导致失误。

（2）坦诚相待，学会主动沟通

2004年的潍坊国际风筝会期间，具体负责外事接待工作的干事小王，因为一时疏忽，把几个外国友人的国籍、名字给弄混了，这让前来会见的市长大人很是难堪。正待准备提拔的小王当然能够意识到错误的严重性，如果处理不好，不但不能得到提拔，恐怕连"现在"的这个职位也难保。好在小王研究过领导心理学，于是他借着午餐时间能与市长、外宾接近的机会，主动向他们检讨了自己的错误。

外宾们为小王的坦诚态度所打动，在市长面前连连称赞小王的诚恳和友好；市长也为小王能够在外宾及时承认错误、挽回面子感到高兴，并对小王留下了深刻的印象。两个月后，小王不但没有被降职，反而经市长直接点名，调到市长办公室担任了科长。

与人坦诚相待，反映了一个人的优良品格。

事实上，任何人都难免会犯错误，犯错误本身并不要紧，要紧的是你要及时与领导主动沟通，以期得到领导的批评、指正和帮助，同时取得领导的谅解。消极回避，不但不能取得领导的谅解，反而有可能让领导产生误解。古代廉颇"负荆请罪"的故事，就是一个主动沟通取得成功的典范：廉颇、蔺相如之间的矛盾，起源于廉颇对蔺相如的一些误解，当廉颇发现自己的错误后，深感内疚。通过廉颇主动地"负荆请罪"，他们之间的误会终于化解。

主动向领导请示汇报，这不仅仅是尊重领导，更能让我们少走弯路、少犯错误，无论是进度提前还是推迟，取得哪些进展，遇到什么困难，都应及时向上司汇报，让他随时掌握你的工作进度；同时，就工作中的关键事情、关键地方、关键方式和关键原因，要向上司多加请示，特别是领导擅长的领域，更要多加请示，多听取指示和意见，以有助于工作的顺利开展。主动请示汇报，是正确领会上级意图、不偏离正确的方向、及时为上级决策提供充足依据的必要途径，也是实现与领导良好沟通的重要途径。

那种认为只要不得罪领导就行了是不行的。对于领导要端正态度，应做到坦诚相待，学会主动沟通。

■ 2.2.3 技巧说服上司，保证公司利益

一般来说，下属绝不应该与上司发生争辩，但为了公司的利益，也为了替上司和自己更好地开展工作着想，有时在与领导的意见相左时，则有必要把自己的观点表达出来。但是，如何与上司进行争辩，让上司同意自己的观点？请牢记以下几条原则：

①察言观色，选择时机；

②说清问题，亮明观点；

③充分准备，提出建议；

④设身处地，换位思考。

与上级领导沟通，并不一定全在办公室内进行。因为，领导要考虑的事情很多。有时候，在休闲中也可以解决大问题。但要注意场所，选择适当的时机。

纽约大学医学中心的精神病学副教授诺曼先生说："你上司要考虑的事情已经够多了，因此如果你不能提出行之有效的解决办法，至少你也得提出怎样处理问题的建议。"在跟上司交谈中，有时他会针对你的建议提出一些疑问，你应该事先做好准备，想象上司会提出什么问题，你应该怎样回答。最好能用数据和实例说话。

诺曼先生警告说："那些在上司面前只提问题而不附建议的人很快会发现，他们常会受到上司秘书的阻拦。"诺曼解释道："尽管上司也许不能说出你的不是，但是他发现，你每次去找他，他总是会感到不快。久而久之，你就别想再进去见他了。"

你要牢记，无论怎样，你的一切都操持在上司手中。假如过火弄成僵局，也许会产生比原来更坏的影响，因此，与上司争辩要聪明一点，不要有过激言行。

职场建议：

在职场中，要得到上司的好评，不仅要干得好，还要与上司有良好的沟通，懂得在关键时刻说恰当的话，让上司喜欢你。以下六种句型，在遇到上司问责时经常会用到：

①句型：我们似乎碰到一些状况。

妙处：以最委婉的方式传递坏消息。

②句型：我马上处理。

妙处：冷静，迅速地做出这样的回答，会令上司直觉地认为你是有效率的好部属；相反，犹豫不决的态度只会惹得责任本就繁重的上司不快。

③句型：小王的主意真不错。

妙处：表现出团队精神。

④句型：让我再认真地想一想，3点以前给您答复好吗？

妙处：巧妙闪避你不知道的事。但事后得做足功课，按时交出你的答复。

⑤句型：我很想知道您对某件事情的看法。

妙外：恰如其分的讨好。

⑥句型：谢谢您告诉我，我会仔细考虑您的建议。

妙处：面对批评表现冷静。

秘书小李错在哪里？

某机关王处长，不问青红皂白，写信把另外一个部门的属下严厉的批评了一顿，批评他办事不力。几天之后，真相大白，是王处长冤枉了那位属下。王处长十分后悔，决定亲自打电话向那个属下道歉。这时一旁的李秘书得意地说："不用了，你那封信我根本没有发出去，因为我知道你会后悔的，所以我把信压下了。"王处长听了后如释重负，然后又怀疑地问她："压了整整三个星期？"李秘书说："是的"。

"那么最近发到欧洲的那几封信也压下了吗？"李秘书说："没有，因为我知道那些信是不该压的。"结果没想到王处长大怒："这事是你做主还是我做主！"李秘书说："我做错了吗？"王处长说："是的。"就这样李秘书被记了一个小过，只是没有公开。李秘书觉得自己满肚子的委屈，逢人便倒苦水，说委屈。不久整个单位都知道了这件事。结果，半个月之后，李秘书就调走了。

这位李秘书最后为什么会被调走呢？

如果你要解决这个问题，会怎样去做呢？

拓展练习

沟通测试

目的：了解你与上级的沟通是否积极主动，包括正式沟通及非正式沟通。

根据面临的实际情况并依照你同意的程度，进行选择。

同意程度：非常不同意=1，不同意=2，无意见=3，同意=4，非常同意=5。

与上级沟通积极性自测表

情　境	1	2	3	4	5
①尽管没有重要的事，我也会频繁地和主管沟通					
②我会时常忙于和老板进行交谈					
③在社交场合中，我会制造和上级互动的机会					
④我将上级当做自己的朋友一样对待					
⑤我时常赞美上级					
⑥我会关切上级的私人生活					
⑦我常和上级分享笑话及有趣的事情					
⑧我曾经同上级分享我们过去的经验					
⑨我曾询问上级对我在组织中工作的观点及看法					
⑩当上级遇到难题时，我会给上级鼓励并一起讨论					
⑪我会和上级分享未来的生涯规划					
⑫我常和上级沟通工作上的事务					
⑬即使不需要，但我还是会找上级来帮助					
⑭我在工作上遇到困难会寻求上级帮忙					

测试说明

50分以上：说明你的上行沟通积极性很高，能够非常主动地与上级进行沟通。

30~50分：说明你的上行沟通积极性一般，有时能够与上级主动沟通，但更多的时候是被动等待上级与你沟通。

30分以下：说明你与上级沟通的积极性不够，不善于与上级沟通。

2.3 打造高效的团队——与下属沟通的技巧

沟通导航

①了解与下属沟通的重要性；
②掌握与下属沟通的技巧。

沟通案例

有一位名厨的拿手好菜是烤鸭，其烤鸭色香味美，深受顾客的喜爱，特别是他的老板，更是对其倍加赏识。不过这个老板从未给过厨师任何鼓励，厨师整天闷闷不乐。

有一天，老板有客从远方来，在家设宴招待贵宾，点了数道菜，其中一道是老板最喜欢吃的烤鸭。厨师奉命行事。然而，当老板夹了一只鸭腿给客人时，却找不到另一只鸭腿，他便问身后的厨师说："另一条腿到哪里去了？"厨师说："老板，我们家里养的鸭子都只有一条腿！"老板感到诧异，但碍于客人在场，不便问个究竟。

饭后，老板便跟着厨师到鸭笼去查个究竟。时值夜晚，鸭子正在睡觉，每只鸭子都只露出一条腿。

厨师指着鸭子说："老板，你看，我们家的鸭子不是全都是只有一条腿吗？"老板听后，便大声拍掌，吵醒鸭子，鸭子当场被惊醒，都站了起来。老板说："鸭子不全是两条腿吗？"

厨师说："对！对！不过，只有鼓掌拍手，才会有两条腿呀！"

这则故事告诉我们，要想使你的下属始终处于一种工作的最佳状态，最好的办法莫过于对他们进行表扬和奖励。

沟通知识

据调查，在当今全球竞争加剧的时代里，企业领导者的领导力缺乏是一个全球性问题，其中中国企业是缺乏领导力人才比例最高的国家。

有47%的被调查的公司认为他们缺乏有领导力的人才，并且中国有61%的公司认为，之所以没有办法去推行储备、培养领导人的计划，是因为他们没有人培养，而有60%的被调研公司认为，就算有人培养，也不知如何去培养。

体育中的接力赛跑，镁光灯和鲜花都对准最后一棒的运动员，我们往往忘记了前几棒的无名英雄，团队的协作就在这样的情况下慢慢受到伤害，最终丧失战斗力。

为什么企业的经营方针贯彻不下去？为什么上急下不急？关键是没有把企业的战略目标层层分解,没有统一目标的团队一定是一个松散的团队，怎样将企业战略目标分解为团队目标？怎样将个人目标纳入团队目标？

台塑集团王永庆曾经说过："一群羊如果给一只老虎带，就统统变成老虎，如果一群老虎给一只羊带就统统变成了羊"。作为团队中的领军人物的你应该怎样与下属沟通才能发挥出下属的最大潜能呢？

与下级沟通最大的目的，就是要通过沟通，充分调动下级的积极性，使他们的潜力得以最大限度的发挥。

领导与下属人格上是平等的，职位的不同，不等于人格上的贵贱。有句话说得很对："伟大来源于对待小人物上"。尊重你的下属，实际上所获得的是不断增进的威望。

■ 2.3.1　善于授权，实现双赢

授权是现代领导活动的重要组成部分，也是作为领导要学习的领导艺术。善于授权，是指领导必须能够有效地将权力赋予下属，让他们更加积极地参与到企业的动作和管理上来。"水能载舟，亦能覆舟"，领导若一味将权力握在手心，不善于清点和梳理手中的权力，分不清事情的轻重缓急，大包大揽，结果会在盲目中忘记自己的角色，将大部分时间和精力消耗在本该下属处理的事情上，荒废了主业。例如刘邦崛于乱世，聚贤才，定天下，而诸葛亮"出师未捷身先死"，从中提示了现代领导管理的有效方法。

■ 2.3.2　与下属常谈心，增强凝聚力

每个职员都想得到上级的重视和能力认可，这是一种心理需要，和下属常常谈谈话，对于形成群体凝聚力，完成任务、目标，有着重要的意义。

有一位厅级干部在他还是一般职员的时候，一次他的领导（厅级）在路上见到他，和他打招呼握手并问候他，虽然这是领导不经意的一次举动，但是在他心里产生莫大的震动，回去后，心情久久不能平静。他当时认为，这是领导对自己的重视和认可。此后他的工作一直做得很出色，受到单位领导和上级的一致赞扬。现在这位职员升为一个厅级单位的领导，他也经常找下属谈心，谈心的面很广，谈工作、谈生活、谈发展，每次谈话，职员都受到很大的鼓舞，就是这个举动，增强了全员的凝聚力，使整个工作做得有声有色。经常找下属谈心，可以充分了解职员对单位发展的看法，职员的心态、情绪变化，自己工作的反馈等，有利于更好地开展工作。

■ 2.3.3　归功下属，有效激励

将功劳归于下属，这种做法在我国古代被称作"委功"——就是把功劳如实地分给下属而不占为己有。借此来调动下属的积极性和主动性，其特点是，将功劳成绩分给应得之人，以满足他们的成就欲和满足感。

> 春秋时代的越王勾践在这方面就是一个高手。当年勾践十年卧薪尝胆回国之后。对诸大臣说："孤实不德。以致失国亡家，身为奴隶，苟非相国及诸大夫赞助。焉有今日。"就这一席话令所有大臣身为感动，加重了他们以身报国的情愫，后来勾践在这群大臣的努力辅助下，最终打败吴国成就霸业。

历史的无数事实证明，如果将所有的功劳都自己所有，只会使下属感到建工无望，导致在工作中失去积极性和进取性，甚至明珠另投。

积极的激励和消极的斥责，对于下属的影响就会是两种不同的结果，更重要的是心理上的影响，例如，你是位领导，带领几个下属去比赛保龄球，比赛的时候，下属抛过去的球打倒了七个，作为领导可能会有两种表达。其一："真厉害，一下就打倒了七个，不简

单！"。其二："真糟糕，怎么还剩三个没有打倒呀！你是怎么搞的？"前者起到激励的作用，后者产生逆反心理，同时产生不同的行为结果。因此，还是多激励赞扬下属吧。

■ 2.3.4 批评下属，用"心"说服

俗话说：良药苦口，忠言逆耳。批评就是"得罪人"的事，所以有些主管批评下属后，不但没有达到预期的目的，反而使下属产生了更多的不满。因此，领导者批评下属时，要讲究一些技巧，下列是一些指责部下的技巧：

①以真诚的赞美做开头；

②要尊重客观事实；

③指责时不要伤害部下的自尊与自信；

④友好的结束批评；

⑤选择适当的场所。

老子说："大巧若拙"。他的意思就是说，真正的巧不是那种违背自然的规律，卖弄小聪明的"权谋"，而是那种处处顺应自然的规律。那么，批评员工的自然规律是什么？就是"被尊重"。而要想顺应这种规律，实现有效的批评，最重要、最基本、也是最简单的一个技巧就是：用心。

拓展练习

①你在批评下属时是否方法得当？

批评下属的要点	是√ 否×	改进计划
在友好、愉悦的气氛中开始谈话		
对事不对人，尊重客观事实		
指责时不伤害部下的自尊与自信		
友好的结束批评		
选择适当的场所		

②正确地传达你的意图。

"张小姐，请你将这份调查报告复印2份，下班前送到总经理室交给总经理；请留意复印的质量，总经理要带给客户参考。"

问题：请一位学员根据5W2H方法将该案例进行划分，体会该方法所传递的重点。

Who（执行者）：_____ What（做什么）：_____

How（怎么做）：_____ When（时间）：_____

Where（地点）：_____ Howmany（工作量）：_____

Why（为什么）：_____

Chapter 3

工作需要好人缘　客户沟通靠诚信

金点子

　　用感性的方式沟通，会比直接争辩对错更容易换取对方同理性，更容易达到沟通的目的。

——李开复

3.1　尊重宽容好心态，关心他人常赞美

沟通导航

①调整好与同事沟通的心态；
②掌握与同事沟通的技巧。

　　俗语说：一个好汉三个帮。咱们中国人都认同"在家靠父母，出门靠朋友""朋友多了路好走，多个朋友多条路"的处世原则。然而，这种处世原则在现代白领职场中却似乎"行不通"了。

　　最新调查显示，在上海白领中，居然有近两成人坦然承认自己在职场没有真正的朋友，并且他们也不想跟同事成为朋友。他们认为，职场如战场，同事就是竞争对手，跟同事做朋友，只能是给自己埋下一颗定时炸弹，因为他（她）了解你的缺点，甚至还握有你的"把柄"。

　　同事真的不能做朋友吗？

　　北京师范大学心理学院蔺秀云博士认为，跟同事做朋友非常必要。上班族大部分时间都跟同事在一起，没有多少机会跟同事以外的人结交朋友。如果不跟身边的同事做朋友，烦恼就不能及时倾诉，压力就不能及时排解。烦恼和压力日复一日地郁结于心，对身心健康都极为不利。实际上，同事跟你一样，也都是普通人，有血有肉有情感，只要用以真心换真心的方式与之相处，是能够成为朋友的。

沟通案例

　　张鹏是公司销售部的一名员工，人比较随和，不喜争执，和同事的关系处得都比较好。但是，前一段时间，不知道为什么，同一部门的周力老是处处和他过不去，有时候故

意在别人面前指桑骂槐，和他合作的工作任务也都有意让张鹏做得多，甚至还抢了张鹏的好几个老客户。

起初，张鹏觉得都是同事，没什么大不了的，忍一忍就算了，但是看到周力如此嚣张，于是，一赌气，告到了经理那儿。经理把周力批评了一通，但结果是，从此，张鹏和周力成了绝对的冤家了。

讨论：

①张鹏与周力关系出现问题后，张鹏应采取什么样的沟通方式？

②在经理那边告状对两人的关系产生什么样的影响？

③如果你是张鹏，你应该如何解决这种沟通矛盾？

④经理处理问题的方法是否妥当？有更好的方法吗？

分析：

张鹏所遇到的事情是在工作中常常出现的一个问题。在一段时间里，同事周力对他的态度大有改变，这应该是让张鹏有所警觉的，应该留心是不是哪里出了问题了。但是，张鹏只是一味地忍让，这个忍让不是一个好办法，更重要的应该是多沟通。张鹏应该考虑是不是周力有了一些什么想法，有了一些误会，才让他对自己的态度变得这么恶劣，他应该及时和周力进行一个真诚的沟通，比如问问周力是不是自己什么地方做得不对，让他难堪了之类的。那么任何一个人都不喜欢与人结怨的，可能他们之间的误会和矛盾在比较浅的时候就会消失了。

但是结果是，张鹏到了忍不下去的时候，他选择了告状。其实，找主管来说明一些事情，不能说方法不对。关键是怎么处理。在这里，张鹏、部门主管、周力三人犯了一个共同的错误，那就是没有坚持"对事不对人"，主管做事也过于草率，没有起到应有的调节作用，他的一番批评反而加剧了二人之间的矛盾。正确的做法是应该把双方产生误会、矛盾的疙瘩解开，秉着以事业为重，加强员工的沟通来处理这件事，这样做的结果肯定会好得多。

沟通知识

■ 3.1.1　调整心态，与同事沟通的前提

能否建立良好的同事关系，是考验员工人品的试金石。

一位哲人曾提出过这样的问题：将军和门卫谁摆架子？答案是门卫。因为将军有着雄厚的资本，他不需要架子作支撑。现实生活中也是如此，拥有优势的人常常胸怀大度，其自尊和面子足矣，无须旁人再添加。

自信——精神支柱，建立信心。

助人——助人自助，互相帮助。

友善——投其所好，广结人缘。

热忱——燃烧自己，照亮别人。

关切——你想他，他想你，你忘他，他忘你。

■ 3.1.2 尊重宽容，与同事沟通的基础

汽车大王亨利·福特曾说过这样的至理名言：如果成功有什么秘诀的话，那就是站在对方的立场来看问题，并满足对方的需要。站在对方的立场看问题，就是俗话常说的"将心比心"，心理学上称之为"心理位置互换"。站在对方的立场看问题，才能相互理解、相互尊重，因此，尊重宽容是与同事沟通的基础。

> 将朋友的坏丢在风里，随风而逝；将朋友的好放在心上，记挂一辈子。
>
> 约翰和杰克一起穿越沙漠，两个人在旅途中因为一件不愉快的事发生了争执。最后，约翰竟然打了杰克一巴掌。杰克很伤心，但什么话都没说，只是用手指在沙子上写下了一行字：今天，我最好的朋友打了我一巴掌。
>
> 随后，两人继续赶路，终于看到了一片绿洲，杰克连忙跑了过去，没想到这根本不是绿洲，而是沼泽。杰克沉陷其中，最后是约翰把他拉了上来。情绪缓和后，杰克在一块石头上刻下了一行字：今天，我最好的朋友救了我一命。约翰不解地问："我打你一巴掌，你写在沙子上，而我刚刚只拉了你一把，你为什么刻在石头上呢？"杰克愉快地回答道："朋友之间的伤害，大多是无心的。当被朋友伤害时，要写在容易忘记的地方，风会抹去一切；相反的，如果受到朋友的帮助，我们就该铭记在心，无论多大的风雨，都不能将其磨灭。"

尊重同事，换位思考。

团结协作，宽容忍让。

赞扬他人，承认他人优点。

分享快乐，经常保持联络。

对待升迁、功利，保持一颗平常心。

总之，在工作中与同事相处得久了，对彼此之间的兴趣爱好、生活状态，都有了一定的了解。作为同事，我们没有理由苛求人家为自己尽忠效力。在发生误解和争执的时候，一定要换个角度，站在对方的立场上为人家想想，理解一下人家的处境，感受对方的心理，就能够以更好、更富有人情味的方法解决问题，也更能加深双方的友谊。

3.2 良性竞争互欣赏，赢得尊敬有技巧

沟通案例

在海边生活的人也许会注意过这样一种有趣的现象：几只螃蟹从海里游到岸边，其中一只也许是想到岸上体验一下水族以外世界的生活滋味，只见它努力地往堤岸上爬，可无论它怎样执著、坚毅，却始终爬不到岸上去。这倒不是因为这只螃蟹不会选择路线，也不是因为它动作笨拙，而是它的同伴们不容许它爬上去。你看，每当那只企图爬离水面的螃蟹就要爬上堤岸的时候，别的螃蟹就会争相拖住它的后腿，把它重新拖回到海里。人们也偶尔会看到一些爬上岸的螃蟹，但不用说，它们一定是独自费了很大的力气才上来的。

然而，在南美洲的草原上，有一种蚂蚁却演绎出另一幕故事：酷热的天气，山坡上的草丛突然起火，无数蚂蚁被熊熊大火逼得节节后退，火的包围圈越来越小，渐渐地蚂蚁似乎无路可走。然而，就在这时出人意料的事发生了：蚂蚁们迅速聚拢起来，紧紧地抱成一团，很快就滚成一个黑乎乎的大蚁球，蚁球滚动着冲向火海。尽管蚁球很快就被烧成了火球，在噼噼啪啪的响声中，一些居于火球外围的蚂蚁被烧死了，但更多的蚂蚁却绝处逢生。

这两个故事多么相映成趣啊！它说明了这样一个道理：在单位上同事间合作的时候，相互拆台，易事难为；互相弥补，积极配合，难事可成。

沟通知识

■ 3.2.1 以大局为重，多补台少拆台

同事之间既然存在竞争，那么必然有干好干坏之分。同事之间由于工作关系而走在一起，就要有集体意识，以大局为重，形成利益共同体，有意见分歧时，不要过分争论，特别是在与外单位人接触时，要形成"团队形象"的观念，多补台少拆台，不要为自身小利而害集体大利。

凡事皆以大局为重。

先说自己错在哪里，然后再批评别人。

说笑间一定要顾及他人的面子。

嘉勉要诚恳，赞美要大方。

■ 3.2.2 建立默契，灵活运用沟通技巧

（1）了解情况，灵活表达观点

在与同事相处的时候，要善于分析判断，识别同事的心理特征，从而根据同事的个性习惯增强自己的应变能力。识别同事的基本方法就是听其言观其行。看到同事有明显错误

或与其意见相左，如果无伤大雅，不必斤斤计较。如果要指出，也要考虑时间、地点、场合和对象，灵活地表达。

> **一艘军舰的设计图**
>
> 德皇威廉二世派人将一艘军舰的设计图交给一位造船界的权威，请他评估一下。他在所附的信件上告诉对方，这是他花了许多年，耗费了许多精力才研究出来的成果，希望权威人士能仔细鉴定一下。
>
> 几个星期之后，威廉二世接到了权威人士所作的报告。这份报告附有一叠以数字推论出来的详细分析，具体文字内容是这么写的："陛下，非常高兴能见到一幅绝妙的军舰设计图，能为它作评估是在下莫大的荣幸。可以看得出来这艘军舰威武壮观、性能超强，可说是全世界绝无仅有的海上雄狮。它的超高速度前所未有。而武器配备可说是举世无敌，配有世上射程最远的大炮，最高的桅杆。至于舰内的各种设施，将使全舰的官兵如同住进豪华旅馆。这艘举世无双的超级军舰只有一个缺点，那就是如果一下水，马上就会像只铅铸的鸭子般沉入水底。"
>
> 威廉二世看到了这个报告，不禁了然于心地笑了。
>
> 这个故事里的造船界权威，就很懂得灵活运用沟通技巧。如果他下个结论：陛下不懂造船，所设计的图纸一无是处，只是一个空架子。那么结果会怎样呢？不言而喻。如果他一味地奉承德皇，不敢说真话，那就是谎报军情了。这船真要造起来，责任恐怕须得他来承担。

（2）如有误会，诚心化解障碍

同事间差不多天天见面，互相之间免不了会有些鸡毛蒜皮的事情发生，每个人的性格、脾气、爱好不同，就容易引起种种矛盾和冲突。这种矛盾和冲突有的是表面的，有的却是背地里的；有的是公开的，有的却是隐蔽的。处理好这些矛盾和冲突很不容易，最简单直接的方法——诚心化解，主动沟通。

天底下只有一种能在争论中获胜的方式，那就是避免争论。

> 古代寓言《偷斧子的人》说的是一个人丢了斧子，他怀疑是邻居偷的，当他看见邻居时，发现邻居走路像偷斧子的，说话像偷斧子的，一举一动都像偷斧子的。后来，他在山谷里找到了斧子，再看到邻居时，却发现邻居走路、说话一点也不像偷斧子的。

这个故事我们也可以看作是同事之间缺乏交流和沟通而引起的相互猜疑。现实生活中同事间遇到问题，尽可能主动沟通，尽快化解障碍。

和同事相处是一件容易的事。和谐的同事关系让你和你周围同事的工作和生活都变得更简单，更有效率。

3.2.3 在工作中如何赢得同事的尊敬

我们一生中，大多的时间都会在单位这种固定的群体中度过。如果能赢得单位同事的尊重和信赖，一方面可以避免别人对你产生误解，另一方面有利于你的工作开展。如何赢得同事的尊敬呢？可以从以下几方面做起：

①不要和同事距离过近；

②不要给别人一个现成的托辞；

③提出合理要求时不要表示歉意；

④不要过分宽限你分派的任务；

⑤不要把你的责任推给别人。

沟通体验

一家著名的公司在面试员工的过程中，经常会让10个应聘者在一个空荡的会议室里一起做一个小游戏，很多应聘者在这个时候都感到不知所措。在一起做游戏的时候主考官就在旁边看，他不在乎你说的是什么，也不在乎你说的是否正确，他是看你这三种行为是否都出现，并且这三种行为是有一定比例出现的。如果一个人要表现自己，他的话会非常多，始终在喋喋不休地说，可想而知，这个人将是第一个被请出考场或者淘汰的一个人。如果你坐在那儿只是听，不说也不问，那么，也将很快被淘汰。只有在游戏的过程中你说你听，同时你会问，这样就意味着你具备一个良好的沟通技巧。

所以说当我们每一个人在沟通的时候，一定要养成一个良好的沟通技巧习惯：说、听、问三种行为都要出现，并且这三者之间的比例要协调，如果具备了这些，将是一个良好的沟通。

拓展练习

按照下面标准，给每个句子打分：

总是这样1分；几乎总是这样2分；有时如此3分；很少如此4分；从来没有5分。

问　题	得　分
如果一位谈话者在谈论一个乏味的话题，我尽力忍受不出声。	
在讲演之前，我先演练一下（做笔记、记要点、在朋友或镜子前做练习）。	
我听到"我懂你的意思"比听到"我同意你的观点"时，更感到满意。	
当被别人打断时，我会保持安静，耐心等待。	
当我在谈话中感到愤怒或紧张时，我就讲得很少。	
我愿意寻求朋友们的帮助。	
几乎在任何谈话中，我都发现提问题是非常容易的事。	
别人说服我比我说服别人的时候更多。	
总　分：	

总分少于20分，你正从一个有利的位置上起步，你已经显示出了一些有效的交际中所必需的修养、耐心、好奇。

总分为21~31，那么你处在中间地带，你具有说服别人的潜力，只是尚未充分利用最好的工具来完成它而已。

总分超过31，你是在用一种自由放任的方式交流，其危险在于你的判断和怀疑可能会影响你自由交际的能力。

根据你的测试结果，看看你的交际能力处于哪个阶段。如果你的交际能力很高，可通过学习人际风格沟通技巧，提高你对他人交际风格的理解，使你成为沟通高手。如果你的交际能力一般，通过下面的学习，寻找原因，弥补不足之处，增强你的交际能力。

3.3 思客户所想，解除客户抗拒

▌ 沟通导航

①掌握与客户沟通的技巧；
②了解与客户沟通的注意事项。

▌ 沟通案例

某公司客户接待中心，窗明几净，美丽整洁，在办公桌上放着一个透明的玻璃烟灰缸。小王和客户边抽烟边谈业务，这时客户把手上快抽完的香烟顺手丢在地上，还抬脚捻了几下，整洁的大理石地面出现一片狼籍，请问这时小王该怎么办？

在客户丢烟头的瞬间，小王想了很多，如果他当时把烟头拾起来放到烟灰缸里，此举不仅教育了客户，同时也变相批评了客户，对于一个销售人员，这对他的销售是有风险的；如果这时自己把烟头放到烟灰缸里，那也可能具有同样的效果。结果他的做法是和客户做了同样的动作，将烟头丢在地上，等客户走后，才拣起了这两个烟头。

沟通知识

■ 3.3.1　了解客户，想客户所想

如何与客户建立有效的沟通,这是一个长久以来困惑业务员的问题，追求短期的销售成功呢，还是想与客户保持长期关系，怎样才能了解客户的需求呢，与客户沟通哪一种方式更有效呢?

这里举一个简单的例子：有一个奶制品专卖店，里面有三个服务人员，大李、老李和小李。当顾客走近小李时，小李面带微笑，主动问长问短，一会儿与顾客寒暄天气，一会儿聊聊孩子的现状，总之聊一些与买奶无关的事情，小李的方式就是礼貌待客。而大李呢，采取另外一种方式，他说："我能帮您吗？您要哪种酸奶？我们对长期客户是有优惠的，如果气温高于30 ℃，您可以天天来这里喝一杯免费的酸奶，您想参加这次活动吗？"大李的方式是技巧推广式。老李的方式更加成熟老到，他和顾客谈论其日常饮食需要，问顾客喝什么奶，是含糖的还是不含糖的。也许顾客正是一位糖尿病病人，也许正在减肥，而老李总会找到一种最适合他/她的奶制品，而且告之如何才能保持奶的营养成分。老李提供的则是个性化的沟通模式。

你认为以上三种模式哪一种更适合与客户沟通呢?

哪一种是更加有效的呢?

这三种模式之间的内在联系是什么?

这里实际上是采用三种不同的与客户沟通模式——礼貌待客式，技巧推广式，个性服务式。古人曰：水无常形，兵无常法。针对不同的客户群体具有个性的销售情况，不论是礼貌待客式或技巧推广式，还是个性服务式，三种销售服务方式各有优劣，即不能说个性化的沟通模式是最有效的模式，也不能排斥礼貌待客式或技巧推广式。毕竟每个行业的属性不同，正如常言道："隔行如隔山"，客户的类型各不相同，我们不能肯定地说某种服务方式比其他的方式要好些或最好。

点评：通过这个例子的阐述，结合在实际客户服务中的工作，其实不论我们采取何种形式的方式与客户沟通，都取决于以下几点与客户沟通的技巧：

①灵活运用沟通技巧，了解客户所想应做到三点：仔细观察、学会倾听、巧妙提问。

②打动客户，解除客户的抗拒心理。首先，站在客户的立场上想问题。其次，先做朋友，后做生意。付出你的真诚与热情，培养良好的态度。最后，不要吝啬你的赞美。

情真意切车有"路"

美国的乔·吉拉德是汽车推销员。一次一位中年妇女来到他的展销室，说想买一辆白色的福特车，就像她表姐开的那辆。但对面福特车行的推销员却让她过一小时再去，所以她就先到吉拉德这儿看看。她说这是她送给自己的生日礼物："今天是我55岁生日。"

"生日快乐！夫人。"吉拉德一边说一边请她进来看看，接着出去交代了一下，然后回来对她说："夫人，您喜欢白色车，我给您介绍一下我们的双门式轿车——也是白色。"正说着，女秘书走了进来，递给他一打玫瑰花，他把花送给那位妇女："祝您长寿，尊敬的夫人。"那位夫人很感动，眼眶都湿了。"已经很久没有人给我送礼物了。"她说，"刚才那位福特推销员一定是看我开了一部旧车，以为我买不起新车，我刚要看车他却说要去收一笔款，于是我就上这儿来等他。现在想想，不买福特也可以。"她当即买走了一辆雪佛兰。吉拉德凭着他那颗真诚的心，感动了"上帝"，打开了销路，成为世界上最伟大的推销员，15年里他卖出了13001辆汽车，并创下了一年卖出1425辆车的记录。

■ 3.3.2　客户维系，保证沟通顺畅

所谓客户维系，是指供应商维持已建立的客户关系,使顾客不断重复购买产品或服务的过程。

首先要正确实施留住客户的策略，研究不同客户的购买心理。

其次，利用CRM（客户关系管理）与客户保持沟通。通过这种方法把客户按价值进行分类，建立顾客档案。

第三要经常主动与客户接触联系，为客户提供便利及反馈通道，鼓励客户回馈。联系的方式多种多样，有登门拜访、赠送礼品、电话沟通、事件召集、信件沟通、网络沟通等。

泰国东方饭店是世界十大饭店之一，已有110年历史。该饭店几乎天天客满，想入住必须提前一个月预定。这个饭店经营得如此红火的原因是什么呢？请看看张先生的经历。张先生是一名温州商人，因为一笔买卖曾在泰国小住，当时住的就是东方饭店。张先生对饭店的服务非常满意。但此后他一直没有去过泰国。三年后，当张先生差不多忘记了这所大饭店的时候，突然在他生日的那一天，收到饭店给他寄来的一封信："亲爱的张先生，恭祝您生日快乐！您已经3年没来了，我们全饭店的人都非常想念您！"这封信让张先生感到非常温暖亲切，他觉得东方饭店就像一个远方的亲人一样，令他终生难忘。东方饭店只用几元钱邮票，就让张先生发誓再到泰国时，一定去他们的饭店。

3.3.3 与客户沟通的注意事项

①坚持五个原则：平等、互惠、信用、相容、发展。

②换位思考、言而有信。人的一生都在"酸甜苦辣"中度过，好的人生态度就成功了一半。

③语言简练、表达清晰。交谈中，如果说话啰唆，不能表达清楚意见，会严重影响沟通。所以交谈中要用简练的语言表达自己的意思，令别人能听得清楚。

④知己知彼、把握节奏。客户的说话习惯不同，节奏有快有慢，你要配合客户的说话节奏才是上乘之策。事前了解客户的性格也很重要，此点要靠多观察和勤于思考。

⑤勿滥用专业术语。与客户交谈或作介绍时，多用具体形象的语句进行说明，在使用专业术语时或作抽象介绍时，可多用一些对比比较。

⑥先推销自己，再推销产品。如果连销售人员本身都得不到客户的信任，产品又怎么能让别人信任呢？要推销自己真的很难，要取得别人的信任更难。外表的形象是一方面，更重要的是自己内在的品质。

纵横职场篇 | Chapter 3

3.4 分析客户需求，推动生意成交

沟通知识

3.4.1 分析客户需求

通常情况下，客户需求分析是分析现有客户的需求欲望，满足客户需求，追求企业利润的增长；市场需求分析更多的是研究潜在市场的需求，并根据需求组织产品或服务满足市场的需求，以实现盈利。而以上两个需求一旦实现，市场需求也就成了客户需求，主要目的是扩大客户群。如何正确分析你的客户？

首先了解客户的欲望、观念、喜好和购买行为甚至语言方式，以便满足客户的需求和欲望，并有效的沟通。

与客户沟通必须了解以下问题

消费者市场由谁构成?（Who）	购买者（Occupants）
消费者市场购买什么?（What）	购买对象（Objects）
消费者市场为何购买?（Why）	购买目的（Objectives）
消费者市场的购买活动有谁参与?（Who else）	购买组织（Organizations）
消费者市场怎样购买?（How）	购买方式（Operations）
消费者市场何时购买?（When）	购买时间（Occasions）
消费者市场何地购买?（Where）	购买地点（Outlets）

注意：由于后7个英文字母的开头都是O，所以称为"7O"研究法。

影响客户需求和购买行为的主要因素

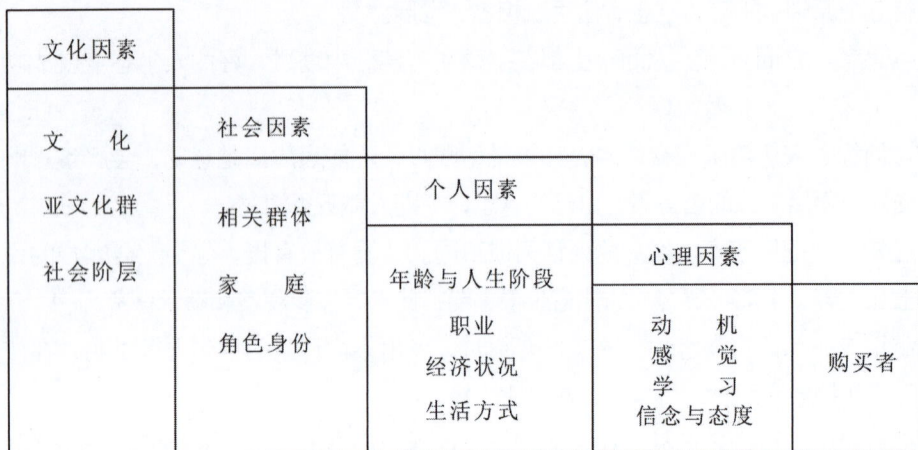

■ 3.4.2 推动生意成交的方法

与客户沟通是否成功，最终通过是否成交来衡量。生意人之间的沟通更是异常重要。做生意如何与人沟通关系到成交量的多少，沟通质量的好坏也就与你赚钱的多少成正比了。如何与客户沟通，推动生意成交？有以下一些方法：

①危机行销式（加压式成交法）；

②让客户说出愿意购买的条件，不要阻止客户说出拒绝理由；

③巧用退而求其次的策略，以让步换取客户认同；

④为客户提供真诚建议，为客户提供周到服务；

⑤把握关键客户，充分利用价格推动。

■ 3.4.3 推动生意成交的步骤

步骤一：做好准备；

步骤二：调整情绪到达巅峰状态；

步骤三：建立信赖感；

步骤四：找出顾客的问题、需求与渴望；

步骤五：塑造产品的价值；

步骤六：分析竞争对手；

步骤七：解除顾客抗拒点；

步骤八：成交；

步骤九：售后服务；

步骤十：要求顾客转介绍。

成交是有步骤的，缺一不可。

乔·吉拉德是世界上最有名的营销专家，被吉尼斯世界纪录誉为"世界上最伟大的推销员"。在商业推销史上，他独创了一个巧妙的促销方法，被世人广为传诵。

吉拉德创造的是一种有节奏、有频率的"放长线钓大鱼"的促销方法。他每年要给客户要寄上最少12封广告信函，每次均以不同的色彩和形式投递，并且在信封上尽量避免使用与他的行业相关的名称。

1月份，他的信函是一幅精美的喜庆气氛图案，同时配以大字"恭贺新禧"，下面是一个简单的署名："雪佛兰轿车，乔·吉拉德上。"此外，再无多余的话。即使遇上大拍卖期间，也绝口不提买卖。

2月份，信函上写的是："请你享受快乐的情人节。"下面仍是简短的签名。

3月份，信中写的是："祝巴特利库节快乐！"巴特利库节是爱尔兰人的节日。也许你是波兰人，或是捷克人，但这无关紧要，关键的是他不忘向你表示祝愿。

然后是4月，5月，6月……

不要小看这几张印刷品，它们所起的作用并不小。不少顾客一到节日，往往会问夫人："过节有没有人来信？"

"乔·吉拉德又寄来一张卡片！"

这样一来，在每年的愉悦节日气氛中乔·吉拉德的名字就有12次机会来到每个家庭。

乔·吉拉德没说一句"请你们买我的汽车吧！"但这种"不说之语"，不讲推销的推销，反而给人们留下了最深刻、最美好的印象。等到他们打算买汽车的时候，往往第一个想到的就是乔·吉拉德。

乔·吉拉德与客户沟通的方式对你有什么启示？你还有什么好方法呢？

拓展练习

你受准客户的欢迎程度如何？

检测项目		得　分
保持良好的个人形象	①发型整洁（2分）	
	②衣着得体（2分）	
记住并常说出客户的名字	①知道客户的业余爱好（4分）	
	②了解客户的工作成就（4分）	
让客户有优越感	①能有针对性的称赞客户（5分）	
	②言语得体，令客户愉悦（3分）	
	③充分尊重客户的意见（3分）	

续表

检测项目		得　分
替客户解决问题	①了解客户的行业特点（4分）	
	②知道困扰客户的瓶颈问题是什么（5分）	
	③能及时反馈产品改进方案给客户（4分）	
	④以客户为中心（3分）	
自己保持快乐开朗	①与客户交谈时面带微笑，亲切自然（3分）	
	②每天上班前自我沟通3分钟，保持愉悦自信的工作状态（5分）	
	③用友善的态度来面对客户公司的每一位员工（3分）	
利用小赠品	①通过小赠品传递友好的信息（2分）	
	②通过小赠品完成公司对外形象宣传（2分）	

45~54分：恭喜你，你肯定是一位很受客户欢迎的业务员，你已熟练掌握了接近客户的技巧。

31~44分：你的沟通技巧受人称道，你可以对照上表进一步完善自己的沟通技巧。

16~30分：你的业务沟通能力已经有了一定基础，但还有很多需要改进的地方。

0~15分：这是一个令人沮丧的得分，你的沟通能力的确不怎么样。不过别灰心，认真揣摩本课程，你会有很大的进步。

沟通游戏

扑克牌游戏——找组织

游戏目的：这是培养学生主动沟通，助人助己的游戏。

游戏规则：

①将扑克牌分别发给学生，一人一张，把扑克牌用手贴于额头，只能别人看见，自己不允许看。游戏过程中不允许说话。

②当所有人都停下后教师进行总结。

③游戏时间10分钟。

问题思考：

①为什么有些人不知道怎么样找到组织？

②在游戏过程中我们能看到那些主动帮助别人的人，别人是怎么样对待的？

③如果最后不是站成四个组织（黑、红、梅、方），是因为什么？

④这个游戏给我们什么启示？

人际沟通篇

Chapter 4

与长辈沟通的技巧

4.1　百善孝为先，代沟不是问题

沟通导航

①充分了解并掌握长辈的心理特点；

②正确认识代沟；

③在生活和工作中尊重长辈，学会与长辈主动沟通。

　　不知从什么时候起，"代沟"成了孩子们和父母争论时最常用的词汇。也不知从什么时候起，我们厌倦了父母的唠叨，我们想挣脱他们为我们编织的窝，想独自展翅飞翔，寻找我们心中那片属于自己的地方。我们一边埋怨父母不了解我们，不想和他们交心，一边又担心受到他们的责备，怕伤父母的心，满腹矛盾的我们，在与一起生活了十几年的父母的交流上，出现了问题。

沟通案例

　　一位中职毕业生想到南方闯一闯，家长不同意，他这样找理由说服父亲："我常听你说，你16岁就离家到外地上学，自己找工作，独自奋斗到今天！我现在比你当年还大两岁呢，我是受你的影响才这样决定的，我想你会理解和支持我的。" 这样一来，儿子成功说服了父亲，父亲无法再坚持自己的意见了。

　　分析：

　　许多子女都说与父母有代沟。的确，许多父母思想陈旧，跟不上时代步伐，在见解上多与孩子有分歧，如果两代人缺乏交流，就容易产生摩擦。而很多长辈觉得自己观点正

确，又是为孩子好，往往难以说服。在这种情况下如何说服父母，就需要一定的技巧。

一般情况下，做父母的都有自己认为辉煌的过去，他们免不了以这些经历教育自己的子女。如果要干一番事业，但又受到父母的阻挠，就可以拿他们的经历作为类比，这样有很强的说服力。

沟通知识

"百善孝为先"，孝道是我国传统文化美德，是数千年来最伟大的立国精神，是健全家庭的基本要素，是立身处事的根本，更是人格完整的奠基石。千百年来，古圣先贤的孝行故事，感动天地，震撼心灵，激励着一代又一代的中华儿女。

■ 4.1.1　代沟的概念及成因

年轻人与长辈在一起，有时会产生意见和矛盾，甚至引起纠纷和不快。两代人生活的时代背景不同，会有不同的人生观、价值观和生活习惯，对事物有各种不同的看法，这是社会上十分普遍的现象，被称为"代沟"。处理恰当，"代沟"就可逐步消除，人们相互谅解，取得共识。反之，矛盾也可激化，造成对立和冲突。

心理学家们的研究表明，许多家庭问题的发生，都和家庭缺乏沟通有很大关系。例如，有的孩子人格上有缺陷，会对父母疏离，爱说谎等，如果双方能够经常沟通，这些问题都可能会迎刃而解。

沟通的前提是平等。当父母用一种民主的、平和的、宽容的态度与孩子谈话时，孩子也会从中学到待人处事的态度，他们会主动、自信、从容、理智地解决问题。

代沟具有普遍性和时代性，它不仅随着社会的发展而普遍存在，而且随着时代的不同呈现出不同的情况。21世纪是两代人相互学习共同成长的世纪，只有家长、孩子平等尊重，长辈和晚辈共同努力，双方彼此理解彼此尊重，矛盾就会缓和，"代沟"才会逐步消除。

伽利略年轻的时候就立下雄心壮志，要在科学研究方面有所成就，他希望得到父亲的支持和帮助。他对父亲说："我想问您一件事，是什么促成了您同妈妈的婚事？""我看上她了。"父亲平静地说。伽利略又问："那你有没有想过娶别的女人？""没有，孩子，家里的人要我娶一位富有的女士，可我只钟情于你的母亲。她从前可是一位风姿绰约的姑娘。"伽利略说："您说得一点也没错，她现在依然风韵犹存，您不曾想过娶别的女人，因为您爱的就是她。您知道，我现在也面临同样的处境，除了科学以外，我不可能选择别的职业，因为我喜爱的正是科学。别的对我而言毫无用途也毫无吸引力。科学是我唯一的需要，我对她的爱犹如对一位美貌女子的倾慕。"

伽利略的父亲一直反对伽利略从事科学事业，并阻挠他从事科学研究方面的事情。伽利略成功运用与父亲找同感的方式，做了说服父亲的开场白，最终说动了父亲，并通过努力实现了自己的理想，成为一名伟大的科学家。

在生活中，每个人都不可避免地与不同代的人交往，两代人之间难免会有代沟，交流上也有诸多因素限制。只有了解不同时代的人的心理感觉、心理需求、行为特征以及彼此的差距，才能处理好代际关系，沟通不同时代的人的思想、情感，使彼此都能顺利愉快地工作，学习和生活。

■ 4.1.2　如何消除"代沟"

不少父母常常为教育子女感到头痛，觉得孩子与自己的思想观念距离太大，对长辈不孝顺，无理想；而做子女们的，又抱怨父母顽固守旧，过分干涉晚辈的社会交往、前途，以及生活方式、消费观念等。相互之间缺乏理解，互不相让。"代沟"越来越大，甚至彼此相见视同仇敌。

那么，从子女的角度怎样才能消除这种"代沟"现象呢？

第一，要和父母做朋友。作为新时代的青年，我们应该学会善于同父母交朋友，经常同父母谈心，了解他们的疾苦，帮助他们想想办法，出出主意，共同商量解决的办法。使家庭内、父母与子女之间，形成民主、平等的气氛和新型的关系。要做到这一点，要从日常小事做起，如经常抽空与父母交谈，陪同父母参加劳动，如一起做饭、购物、一起参加体育锻炼、听音乐、看电影等，同欢同乐，增加接触父母的时间，拉近感情的距离，增进互相了解。

第二，态度要温和。父母身为家长，难免自尊心很强，他们希望得到孩子的尊重。温和的态度，可以增加家长对我们的信任感。即便有的家长过分相信自己的经验，固执己见，较难接受新事物，爱唠叨，喜欢回忆往事，爱听颂扬之词，怕听批评意见等，我们也不能粗暴顶嘴，用轻蔑的态度、讽刺的语言伤害父母。

第三，方法要讲究。要注意多倾听，要学会使用请教语言，与父母及长辈讲话不要盲目问话、插话，长辈就是长辈，不能混淆与长辈的关系。其次，遇到与父母意见不一致时，要尽量顺从父母，以感恩的心态与其沟通。

子女要理解家长的良苦用心，领悟自己在某些问题上还缺乏独立性、自觉性和正确的理解能力，仍需要长辈的帮助和指导，对父母的劝告和限制要接受。不能不讲道理，以自我为中心，毫无约束，我行我素。当然，父母要让孩子从小树立是非观念，爱憎分明，养成服从道理，讲究礼貌，遵纪守法的良好习惯。只要不是"大逆不道"，又不超过家庭经济能力，父母也应当尽量满足孩子的要求，让孩子有相对自由的空间。

给父母写一封信，告诉他们你有多爱他们；让父母给你回信，告诉你他们的感受。

从下列题目中任选三项，去完成：

①了解父母、爷爷奶奶、外公外婆的生日、生肖；

②给父母过一个有意义的生日；

③给父母洗脚；

④与长辈促膝长谈；

⑤了解父母的身体状况。

拓展练习

你为父母做这些事了吗？

定期提醒父母去做体检。

帮父母完成年轻时未完成的梦想。

陪父母重游故地。

与父母一起拜访他们的朋友。

经常给父母拍照。

跟父亲做交心的沟通。

认真回复父母的短信。

亲自给父母做饭。

解开父母的心结。

每周给父母打电话。

对父母的爱要说出口。

要知道父母真正喜欢吃什么。

仔细倾听父母的往事。

适当参与父母的活动。

节假日尽量与父母共度。

让父母对你有信心。

不要对父母指手画脚。

不要让父母看你的脸色。

和父母一起锻炼身体。

和父母一起去唱卡拉OK。

教你的父母学会上网。

和父母一起做家庭大事记。

无条件支持父母的业余爱好。

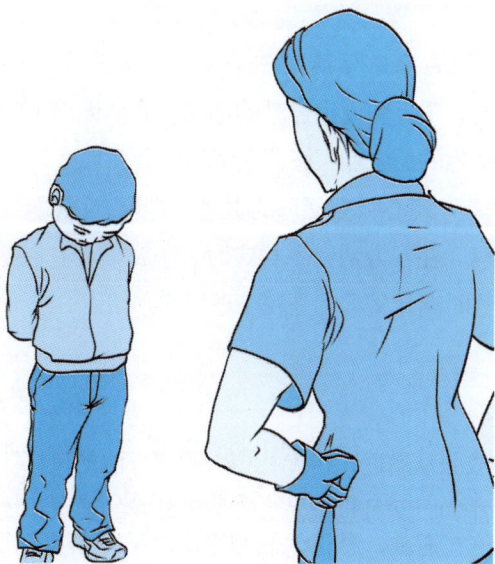

4.2 尊重和责任，理解父母的爱

①正确认识为人子女的责任；

②尊重父母，理解父母的爱；

③与父母进行有效沟通。

沟通案例

小张到厂里实习，遇到小王，两人一见如故，短短一个月便成为亲密无间的好朋友，小张结束实习离开厂里，临走前把地址、电话都留给了小王。没过多久，小王给小张打电话，两人在小张家见面了，无话不谈。小王走后，小张的父母发话了："你怎么交了这么个朋友，这个人看起来很不地道。"小张一听就不乐意了："我交什么朋友，你们都不满意。""我们这是为你好，怎么这么不懂事？""你们看着好就一定好吗？你们觉着不好，就不能来往吗？"父母听了气不打一处来，开始骂了起来。小张一看这样说下去肯定不行，马上缓和了口气："我知道你们都是为我好，小王在我实习的厂里工作，做事干练，人也挺好的，再说我都这么大了，也能分清是非了。"父母听了小张的话也缓和了下来，最后小张终于说服了父母。

沟通知识

■ 4.2.1 如何才能与父母有效沟通

（1）学会面对父母的误解

在家庭生活中孩子受父母错怪是常有的事，如果你遇到，千万要沉住气，要克制自己，千万别说出过激的话来，如"你们不配做我的父母""我恨死你们了"等，避免因过分强烈的反应加深彼此之间的误会。那么，遇到这种情况时，我们该怎么做呢？

耐心听完父母的责怪、训斥，以便弄清他们是在什么事情、什么问题上对你产生了误解。在双方情绪不稳定时，争辩解释往往会激化矛盾。因此，暂时的沉默不语或借故设法暂时离开父母都是较为理想的办法。

（2）不和父母"顶牛"

当与父母闹别扭时，如果与父母"顶牛"只能给父母带来痛苦，也会给自己增加烦恼，甚至给家庭带来不和。作为小辈在冲撞了父母之后，从尊重父母出发，应立即向父母赔礼道歉，恳请他们的原谅。千万不要觉得认错有失面子，如果觉得用语言讲和有困难，不妨写封信给他们，切忌感情用事，不理父母或找机会发泄不满，甚至图一时痛快，乱使性子，离家出走。

（3）正确面对父母的拒绝

当我们的要求遭到父母的拒绝，要弄清楚父母拒绝的原因，而不要觉得丢了面子，不理父母。

父母拒绝的原因往往有：

不考虑家庭实际情况，提过高的要求；考虑问题不全面，老是站在自己的角度，不设身处地为父母着想；在不对的时间、不对的地点、不对的场合提要求。

那么如何处理呢？

要有家庭意识。考虑家庭经济承受能力，把要求的理由说清讲透。要选择恰当的日子，恰当的地点场合。为明白顺从父母意图，可进行适当的试探，注意创造融洽和谐的气氛和说话的口气，然后再慢慢提出。

另外，遭到拒绝不一定是坏事，父母对你的要求一概满足是不现实的，如果父母对子女百依百顺，也不利于你的成长。

■ 4.2.2 家庭和睦离不开沟通

做子女的要与父母相处，应该做到以下几点：

首先，要以尊重父母为前提。你不妨在聊天时问问父母，他们像你这么大的时候有些什么想法和愿望？他们的父母允许他们做什么，不允许他们做什么？他们是如何争取更多的自由的……父母在回忆自己少年往事的时候，一般会很自豪，在不知不觉中放下家长的架子与你敞开心扉。这时，他们更容易理解你目前的经历和感受，认真考虑你的要求，甚至向你作出妥协和让步。

其次，对父母的缺点要委婉地劝说。发现父母的缺点不劝说是不对的，劝说方法不当也是不对的。劝说父母时，态度应温和，语气要委婉、诚恳。如果遇到脾气倔强的父母，不听子女的规劝，子女仍然要对父母表示恭敬，耐心、平和地说出自己的想法。

再次，多给父母一些信任你的理由。你可以从日常生活中的小事做起，比如，在家里主动分担一些家务，保证做得又快又好；尽可能多地照顾好自己的饮食起居，减轻父母的负担……如果父母发现，每次你都能很好地完成他们交给你的任务，那么，他们不但愿意多给你一些自己做决定的机会，而且还会对你的能力大加赞赏。只有用实际行动证明你有责任心，有独立能力，你才会赢得父母对你的信任。

一次，易建联的父亲易景流到儿子所在的宿舍找他，可敲了半天才开门。易景流发现屋里有四名少年队员，满屋子烟味。易建联见父亲来了，有些惊慌地站起来。易景流却像没事儿一样，并没有当场质问他。第二天，他赶来送汤时，对儿子说："老爸要送你一个礼物，但你得答应一个条件！"易建联惊喜地发现礼物是自己盼望已久的一部手机，他还暗自猜测父亲的条件肯定是"好好训练"。谁知易景流拿出一个塑料小扣饰：一根燃了一半被灭掉的香烟！易建联马上明白了父亲的良苦用心：他是想时刻提醒儿子对香烟的诱惑一定要"浅尝辄止"。时至今日，易建联坚守着承诺，不论换了多少部手机，一直把半支烟的饰物挂在手机上。他决不碰香烟，他知道，那小小的手机饰物，是父亲对他一生的叮咛。

另外，不要以为父母跟自己的关系最亲近就忽视了礼节和尊重。对父母无礼是对父母最大的伤害。

沟通体验

忙碌紧张的学习终于结束了，回到家佳佳打开了电视，收看自己最喜欢的节目。母亲看见后，责备她说："真不懂事，马上就要期末考试了，你还有心看电视？"佳佳反驳道："难道因为期末考试，我就不吃饭了？"佳佳和妈妈就这样针尖对麦芒地争论起来。显然母亲和佳佳的沟通失败了。

一个人扮演佳佳，一个人扮演佳佳的母亲，试试怎样沟通才能达到预期效果？

拓展练习

看一看、读一读这首在网络上流传的小诗，说说你的感想。

孩子，当你还很小的时候，

我花了很多时间，

教你慢慢用汤匙，用筷子吃东西，

教你系鞋带，扣扣子，溜滑梯。

这些和你在一起的点点滴滴，

是多么的令我怀念不已，

所以，当我想不起来，接不上话时，

请给我一点时间，等我一下，

让我再想一想……

极可能最后连要说什么，

我也一并忘记。

4.3 亲其师信其道，师生沟通很重要

沟通导航

①正确认识师生关系；
②知道如何与老师交往；
③学会与老师有效沟通。

沟通案例

某职业学校学生小明，在进校的第一学期，学习专心，各科成绩在班上名列前茅。可是到了第二学期，他的成绩突然下滑，降到了中下等水平，对以前热衷的集体活动，如艺术节、篮球赛等也不感兴趣了，更为严重的是，小明还经常用拳头猛砸墙壁，情绪非常不稳定。班主任杨老师与小明第一次沟通时，小明很抵触，问他任何问题，他都回答三个字："不知道。"由于对小明有一定了解，杨老师对他的表现并没有感到吃惊，而是对半年多来小明表现好的方面予以肯定，并对他说："我希望我们能多一些沟通，也希望你能尽早地进入学习状态。"后来，小明主动到办公室找到杨老师说了很多。原来小明陷入了一场感情无法自拔，女孩现在不理他了，小明不能接受这个现实。杨老师明白了是怎么回事，在与小明沟通时就更注意分寸了。她说："我很高兴你这么信任我，现在我能帮助你做什么呢？要不要我和那位女孩子去说一说？"小明很坚决地表示不要。杨老师笑了笑，知道小明心里已经有了很明确的态度。接下来，杨老师先赞赏小明是一个很重感情的人，并站在他的角度说了一些如果此刻是自己将会是怎样的心情，小明频频点头。和小明有了共识后，杨老师与他的沟通就顺利多了。经过多次沟通，小明的情绪逐渐好转，明白了自己现在的主要任务是学习，注意力开始向学习回归，成绩迅速上升。

沟通知识

长期以来，学生把老师看作权威，而自己更多的扮演着"遵从者"的角色，这种不对等的关系造成了师生之间的隔阂，影响了师生之间的交流。

主动沟通是一切交往的前提。化解与老师的误解、矛盾，增进与老师的感情，一切从主动沟通开始。

教师是一个古老的职业，我国古代有很多优秀的师生交流的范例。《论语》中记载了这样一个故事：子路、曾点、冉有、公西华四个弟子围坐在孔子旁。孔子问："假如有人任用你们，你们怎么办呢？"子路、冉有、公西华三人说了自己

的志向。孔子问："曾点，你呢？"曾点说："暮春三月，穿着春装，我和五六个大人、六七个孩子，去沂水中洗洗澡，在舞雩台上吹吹风，然后一路唱着歌走回来。"孔子长叹一声说："我赞成曾点的理想呀！"这个"亦师亦友"的故事启发我们：老师是我们的友伴，和老师的交往还体现在娱乐、生活和思想交流等方面，我们和老师共同组成学校生活共同体。

当我们有不能解决的难题时，当我们埋怨老师处理不公时，当我们埋怨老师不能听进我们的意见时，当我们觉得被老师误解时，我们主动与老师沟通了吗？沟通产生理解，理解产生信任。交往是一门艺术，沟通需要方法。改变对老师角色的认识，主动与老师进行沟通，还需要掌握一些有效的方法。

首先，从老师的角度看问题。师生角色不同，看问题的角度不一样，就会在一些问题上构成矛盾、冲突。我们如果能从老师的角度、立场考虑问题，设身处地地为老师着想，就能理解老师的想法，从而顺利的化解师生间的冲突。

20世纪30年代，有个中学生在一次作文课上，按照老师的要求写了一篇散文。这是他最满意的一篇习作，以为一定会受到老师的表扬。可是，老师却给了他这样的批语："此文是否出自本人之手？"显然，老师怀疑他在抄袭别人的文章。然而他非但没有有怨恨老师，反倒喜出望外，信心大增，更加勤于练笔，终于就此走上了文坛。

这位当年的中学生，就是我国著名作家稽鸿。后来他在回忆这段经历的时候说："我非常感谢那位误解我的国文老师，因为我从老师的误解中看到了我的实力——我相信自己一定能够成功。"

其次，要正确对待老师的表扬和批评。老师的表扬是肯定，是鼓励；老师的批评是爱护，是鞭笞。表扬好比加油站，要再接再厉；批评好比防疫站或急诊室，要有则改之、无则加勉。

最后，要原谅老师的错误。作为普通人，老师不可避免地会犯错误，老师希望你原谅他的错误，正如你希望他原谅你的错误一样。用恰当的方式顾及老师的情感，善意指出老师的错误，老师一定会成为你心中的好老师。

只要我们主动和老师沟通，就能与老师心相印、情相容，就能快乐的学习，更快的进步，健康成长。

沟通体验

①试着和老师沟通一次，让老师发现你的潜力（记住，每个人都有自身的优势，相信自己能行）。

②检查一下自己在课堂上有没有不礼貌的行为，并帮助你的同学纠正一下他（她）不对的地方。

③小小是一位不愿意跟别人打交道的学生，生性腼腆，见了老师就脸红，不敢和老师单独说话。现在，她决心学会和老师交往，改变自己，成为老师喜欢的学生，你认为小小应该怎么办？小小首先应该做什么？小小平时应该进行哪些方面的练习？

拓展练习

将全班同学分成几个小组，讨论以下问题并记录下来，每组选代表发言，汇总。

①在你与老师的交往中，你感受到或听到、看到的"委屈"有哪些？如果被老师误会了，大家通常的处理方式是什么？

②你认为有哪些改善师生关系的有效方法？

4.4 取长来补短，长幼相处有道

沟通导航

①能熟练掌握与老年人沟通的几个原则；

②树立积极沟通的意识；

③培养自己与不同年龄段的人主动沟通的良好习惯。

沟通案例

"昨天我步行了20千米路。"一个老年人说，"呃，一个67岁的人，不能说不健康吧！"年轻人回答说："王先生，我还以为您不到56岁呢！""我已经近70啰。"王先生有些喜悦地说。"这不可能吧。"年轻人强调，"我可是一点也没看出来。"这时大家都感到，王老先生心里非常高兴。

所以，在你与一个老年人谈话的时候，你先不必直接提起他的年纪，你只提他所干的事，而这些事与他的年纪无关，这样你的话语就能温暖他的心，使他觉得你是一个非常好的人。

生活中有大事、有小事、有急事、有缓事，长幼之间性格也有急有慢，所以从这个角度来说，也需要注意沟通的艺术。

人到老年，各种生理机能退化，思维迟缓，行动不便，甚至说话不清，而且心理上也发生了很大变化。比如，过分相信自己的经验，固执己见，难以接受新事物，爱唠叨，喜欢回忆往事，爱听颂扬之词，怕听批评意见，等等。有的老人甚至还有一些怪癖。因此，与老年人沟通，就必须根据他们的特殊心理、生理状况，运用得体、合适的语言达到沟通的目的。

■ 4.4.1 长幼沟通需要把握的几个原则

长幼之间由于年龄、阅历、身份等多方面的原因，在沟通中容易造成不和谐的局面。故而，我们与老年人沟通，需要把握以下几个原则：

第一，主动关心老年人，以礼相待，赢得老年人的好感。

第二，虚心向老年人请教，既在知识上获益，又使长辈感到受到尊重。

第三，努力适应和宽容老年人的一些缺点和与青年人不同的一些习惯，关心老年人的生活，常与他们交流感情。

第四，不要乱开玩笑。同龄人相见开开玩笑，能给生活增添乐趣，但跟老年人却不要乱开玩笑。

第五，不能直指其错。老年人虽然人生经验丰富，知识修养也较高，但是总会有智者之失。我们发现后不应直接指出，以免损害老人的自尊心。

> 小欧和父母总是话不投机半句多，每次说不了两句就和父母吵起来，经常不欢而散。事后每次她都要后悔，觉得自己不应该这样对父母，但又觉得控制不住。
>
> 心理医生告诉她，这是她不了解父母的缘故。并叫她做了关于父母生日、纪念日、爱好等的一个问卷调查。做完后，看到为数不多的几个勾勾，小欧流泪了。她才知道，自己原来对父母了解得是那么的少，更别提关心了。
>
> 后来，小欧在生活中主动关心父母，有空就带父母去看电影、散步……
>
> 日子久了，她发现，自己与父母已经好久没有吵过架了。

第六，不要显能炫耀。跟老年人交往，应以尊重老人为第一要务，谦虚恭敬是起码要求。在老人面前显能炫耀既是一种不恭的表现，也是一种失礼行为。

第七，不要心不在焉。老年人一般比较爱唠叨，回忆起往事，一提到自己得意的事，便没完没了了。因此，跟老年人交往一定要有耐心。倘若老人谈得津津有味，而你却左顾右盼，显得不耐烦，必会给老人留下不好的印象。

■ 4.4.2 如何和老人交谈

了解情况：要了解老人的基本情况如脾气和喜好，才能便于交流。

话题的选择：要选择老人喜好的话题，如家乡、亲人、电视节目，时事等。

态度：要和蔼可亲，平易近人，脸上常带微笑，让老人感到亲切。

位置：不要让老人抬起头或者远距离和你说话，应该近距离弯下腰和老人交谈。

语言：说话要慢一些，一般情况声音尽量大些，看对方是什么反应。

由衷的赞赏：人都渴望被肯定，有时候老人像小朋友，希望表扬，所以你要多多赞美。

反应能力：有事谈得不如意或者老人情绪有波动，尽量不要劝说，用手轻拍对方的手或者肩膀，稳定其情绪，马上转移话题。

有耐心：老人一般都絮叨，一点事情可以说很久，不要表现出不耐烦，要虚心倾听。

用心交流：要注视对方眼睛，最好摸着对方的手。

小琳是一家房地产公司总裁的公关助理，奉命聘请一位特别著名的园林设计师为本公司的一个大型园林项目做设计顾问。但这位设计师已退休多年，且此人性情清高孤傲，一般人很难请得动他。

为了博得老设计师的好感，小琳事先做了一番调查，她了解到老设计师平时喜欢作画，便花了几天时间读了几本中国美术方面的书籍，做了大量的准备工作。

在老设计师家中，老设计师像对其他来访者一样对她也很冷淡。小琳并没有着急，她装作不经意地发现老设计师的画案上放着一幅刚画完的国画，便边欣赏边赞叹道："老先生的这幅丹青，景象新奇，意境宏深，真是好画啊！"一番话使老先生升腾起愉悦感和自豪感，打开了老先生的话匣子。小琳又说："老先生，您是学清代山水名家石涛的风格吧？"这样，进一步激发了老设计师的谈话兴趣。后来，老先生的态度转变了，话也多了起来。接着，小琳对所谈话题着意挖掘，环环相扣，使两人感情越来越近。终于，小琳说服了老设计师，出任其公司的设计顾问。

沟通体验

①在公园或公交车上主动与老年人打招呼，拉家常。

②在网上搜索并观看春晚小品《粮票的故事》，学习小品中小孙子与爷爷沟通的技巧。

拓展练习

你对父母知多少?

你妈妈的生日。

你妈妈最喜欢的衣服。

你妈妈最难忘的事情。

你妈妈有几个好朋友。

你妈妈最欣赏自己的地方。

你爸爸最喜欢吃的菜。

父母的结婚纪念日。

父母的苦恼。

你爸爸的鞋码。

你爸爸最擅长的运动。

你爸爸最喜欢的人生格言。

你爸爸工作上最大的烦恼。

你爸妈最喜欢唱的歌。

你爸你妈最得意的事。

你爸你妈最大的遗憾。

沟通游戏

模仿秀:

①模仿电视广告《常回家看看》的老人,体会老人的心情,说说自己的感受。

②三五名学生组合成一个家庭,家中成员一定要有一名老人,模仿一段生活场景,说说其中的感受。

与朋友沟通的技巧

金点子

　　人之相识，贵在相知；人之相知，贵在知心。真正的朋友，相互尊重，不相互吹捧，往来不多，却也心心相印。

5.1　交友之道，君子之交淡如水

沟通导航

①熟知交友之道；

②掌握与朋友沟通的技巧；

③了解与朋友说话的禁忌。

沟通案例

　　例如，A准备把一个笔记本电脑插在一间房子的网线接口上，朋友B对他说道："这接不上"。A说："我试试看。"接着又忙活起来。B怒了："我跟你说了这接不上啊。你还在这干吗？"A又说："我再试试看。"说着把电脑搬到另一个接口处去。弄了一会儿还是不行。B急了，过来挺用力地拍拍A的背："喂，喂，你在干吗呢？我跟你说了不行！"那口气活像A在搞什么破坏一样。A火了，大声说："你拍我？我知道不行，我这不没弄了……"走了。结果事情没弄明白，大家心里一肚子火。

　　这是一件芝麻大的事，就是因为误解，朋友之间弄得要剑拔弩张。拿B来说，他以一种命令的口气对别人：首先就让人接受不了了；其次，他对为什么接不上不加丝毫解释，别人怎么知道他说的是对的，试一试又不影响什么；再次，最忌讳的是他用了更让人误解的动作，最后怕事闹大了，才停止争吵。拿A来说，他最终也没明白怎么就接不了。第一，他没有和B沟通他要做什么。第二，他没有问为什么别人说不行，只一意孤行，也不知会有什么后果。第三，当B只是为了提醒他而拍拍他时，他火了，因为他忍了好久。

　　其实只要大家多说几句话沟通一下。是没有人希望把局面弄得这样尴尬的，而事情也会好做得多。

沟通知识

君子之交淡如水，小人之交甘若醴；君子淡以亲，小人甘以绝。这是道家庄子的名言。君子的交友之道，如淡淡的流水，川流不息，源远流长。君子之交，是为了心灵的沟通，并不具有功利的思想。

> 春秋时期的管仲与鲍叔牙有着深厚的友谊。鲍叔牙不惜向齐桓公推荐管仲为相而自己甘居其下，及齐国有力分诸侯，一匡天下的实力的时候，管仲慨然曰："生我者父母，知我者鲍字也！"是为友谊的典范。

我们应该以一种积极的心态去沟通，让朋友了解和理解。否则，我们将会脱离朋友，以一种自我为中心的态度去生活做事，最后被社会淘汰。

5.1.1 交友的原则

朋友会彼此忆念，互相切磋。在这种情形下，我们才能真正地享受到友谊。

第一，以德交友，患难与共。所谓患难见真情，在最困顿的时候，还能不变初衷的支助扶持，才是真正的朋友。

第二，以诚交友，肝胆相照。和朋友相处彼此要讲究知心，讲究坦诚，讲究肝胆相照。

第三，以知交友，见多识广。见识广博或具有专业知识的人，会得到朋友的尊重与信赖。同样的，要结交有内涵的朋友，也要先充实自己的内涵；懂得随时吸取新知识的人，智能容易开启，也会吸引许多见多识广的人到身边来。

第四，以道交友，法乐融融。有道德的人，有修养的人，无人不喜欢，不论远近，大家都会争相来亲近。和他交往的人，也都会以他自勉，而得到提升。

5.1.2 与朋友沟通的技巧

学会聆听，适当寒暄：与人沟通，我们首先要做一个聆听者，懂得如何倾听的人最有可能做对事情，取悦上司，赢得朋友，并且可以把握别人错过的机会。寒暄能产生认同心理，满足人们的亲和要求，寒暄的目的是创造和谐气氛，加深了解，它是社交中大家见面时的应酬语言。所以寒暄时不但语言要诚恳、亲切，而且要善于用自己的姿态、表情、感叹词或插话等来回应对方，以表示对谈话有兴趣。

学会关怀，礼尚往来：当同事遇到困难或发生意外时，我们要及时主动的关心他、帮助他，对于别人的帮助应及时表示感谢，礼尚往来，这既有利于巩固你和同事之间的关系，还能进一步完善自己的工作环境。

低调做人，积极做事：低姿态是交谈获胜的力量，尤其在双方地域不同、文化背景各异的情况下，它会使对方觉得你有人情味，真诚可亲。新到一个工作环境后，我们第一要做到手勤、嘴勤、腿勤。有不懂得的事多请教，有活多干一些，有事多跑一些，这样不仅让大家很快的接受你，同时你自己也能快速熟悉情况。

害人之心不可有，防人之心不可无：现实生活工作中，少不了和人产生摩擦，说话做事时尽量多想一下，学会换位思考。工作中认识不久的同事、朋友不能十二分的相信，现在社会复杂我们应该增加防范意识。

人的社会属性就是各种社会关系的总和。朋友之间的误解往往是由于人们做事过程中缺乏沟通所致。产生误解的人不但不会与朋友合作，而且会想方设法地阻挠他看不顺服的事情。我们要把事情做好，不仅要得到自己良心的认可，还应得到大家的认可，这样，才叫做把事情做成功了。

沟通体验

①背诵李白的《赠汪伦》，体会诗中的意境。

②小丽和茜茜是好朋友。有一天小丽在寝室大哭，原来她失恋了。假如你是她的好朋友茜茜，请你和她好好聊聊。如何灵活运用与朋友沟通的技巧？如果小丽向茜茜袒露，茜茜应该怎么做？

5.2 不同朋友，区别对待擦亮眼

沟通导航

①正确的辨别真假朋友；
②对待不同的朋友应采取的态度。

沟通案例

在小城里做生意的黄先生，一日偶遇小学同学，而且还是同桌的张某。张说："老同学，我现在正在搞房地产生意，已投入不少资金，但现在一部分资金还没有到位。假如一个月搞不到50万流动资金，我便死定了。"张说完涕泪俱下，一副可怜巴巴的样子。黄想：自己和张是同学，朋友有难，帮一把吧。黄拿出自己的房产证，让张拿到银行贷了50万元。不料，张是个诈骗犯，他根本就没有拿钱去搞房地产生意，而是把骗来的钱用于大肆挥霍，花天酒地。并且，他骗的都是警惕性不高的熟人。面对自家被法院贴上了封条准备拍卖的房子，黄先生欲哭无泪。

沟通知识

以诚待人，应当知人而交。当你决定捧出赤忱之心时，得先看看站在面前的是什么人，不应该对不可信赖的人敞开心扉。否则，适得其反。

> 山鹰和狐狸结为好友，为了更加巩固友谊，他们决定住在一起。于是鹰飞到一颗高树上面，筑巢孵育后代，狐狸则走进树下的灌木丛中间，挖个洞生儿育女。这样过了很长一段时间。
>
> 一天，狐狸外出觅食，鹰也正好断了炊。山鹰就飞入灌木丛中把幼小的狐狸叼走，与雏鹰一起饱餐了一顿。狐狸回来后，发现山鹰偷吃了自己的儿女，极为悲痛。

人的一生受到朋友的影响相当大，很多人因朋友而成功，也有很多人因朋友而失败。对待不同的朋友应该采取不同的态度，才是合乎分寸的。

下面是对待不同的朋友分别应该采取的适宜态度。

（1）对待亲友：礼数周到

亲友是人情味比较浓的人际关系，只有建立在亲切、亲近的常联系的基础上，才能加深彼此的友谊。联系的方式很多，大家可以想想，你经常用哪些方式与亲友联系沟通。

（2）对待乡友：能帮则帮

每个人都有或轻或重的乡土观念，特别是现在人员流动性强的情况下，同在外地工作或打工的老乡容易因地域特点而结成朋友。乡友之间的特点是：容易接近，共同的话题较多，特别是在外地，在人生地不熟，其他圈子的朋友还比较少时，同乡便成了最有力的靠山。因此，对乡友请求帮忙的要求，一般不要拒绝，能帮则帮，尽力而为，你帮助了他，他也会寻机报答的。

（3）对待学友：时时相聚

作为学友，友情缔结在纯真、无利害冲突的阶段，基础比较牢固，用不着特别地表现加深友谊的行动。学友之间的友情的突出特点是：彼此都认为双方是纯洁的友谊，需要帮助时，直言相告即可，不要因有事相求而先以讨好作为铺垫，这样会被对方认为是亵渎了同学之情。当然也不能只是有事相求时才想起他，没事时就忘得一干二净。因此，对待学友，平时应时常相聚，并不一定是有事相商，只是在一起坐一坐，聊聊天，彼此通报一下近况即可。对外地的学友，相聚机会较少，但也要不时通通电话问候一声。

（4）对待挚友：视若亲人

挚友可能产生于亲友、学友、乡友、战友等不同层次之中，不管来自哪个层次，但他（她）已成为你朋友群中的核心人物，说明你们之间友情的程度是最深的，因而也是最值得投入的。对这类朋友的态度是：无所不谈。你的喜怒哀乐都可以得到他（她）的反应，你的困难可以及时得到他的鼎力相助，他是你的第一倾诉对象，也是最值得信赖、最可靠的人。因此，对这类朋友，你不能斤斤计较。在对方需要支持时，即使牺牲一些自己的利益也要舍得。所谓两肋插刀，赴汤蹈火，在所不惜。对方做得有些不如意的地方，也要宽宏大量一些。世上能与你成为挚友的没有几人，因而要备加珍惜，视如亲人，不可轻易离去。

（5）对待泛泛之交：若即若离

这只是普通朋友，不用特别投入，只要能维持双方的既有关系即可。可偶尔邀约聚会，以免中断来往，有需要帮忙时也可婉言相求，但别作过高期望。被邀请时尽量赴约，被请求支持时尽量帮忙，但不要勉强。如果发现值得深交之人，就"提升"他（她）的等级，以相应的投入来加深友情。如发现非善良之辈，则可将所有的关系斩断，不再与之来往，不可顾及太多的情面。

"害人之心不可有，防人之心不可无"，我们在人际交往中，一定要懂得保护自己，就是朋友，也要分个三六九等。其原因在于我们没有必要也没有时间去和那么多的朋友交际，更重要的原因在于这是为了保护自己免受伤害。

沟通体验

试分析以下案例，并从中吸取什么教训？

2010年8月，李成浩医生在值班时，碰到一个叫王刚的人心脏病发作。李医生马上组织抢救。这以后，两人结成了朋友。后来，王刚说自己所在的上海公司给他分了五个股份，每股3000元，三个月后可获利两万，并表示愿意让出两股给医生谢恩。此等朋友、此等友情，李医生不由不信，立即将6000元钱交给了王刚。

第二年春节，王刚对李成浩说："上次股红没分，公司用股红做了一笔大生意，三个月后每股回报3万，因为是老朋友，亲戚我都没给，再让两股给你，每股4000元。"话与情都热乎乎的，李成浩医生又把8000元现金交给了王刚。

李医生天天盼分红，不料，2011年6月的一天，王刚告诉他，生意做亏了，李成浩医生只觉得五雷轰顶。

后来，王刚在一次行骗中被捕，据其交代他是"杀熟"。李成浩医生对"杀熟"闻所未闻，他不明白朋友之道何以变成这样险恶。

5.3 维护友谊，推心置腹一辈子

沟通导航

①懂得朋友维护的方法；
②锻炼辩证地分析问题的能力情感；
③认识理解如何寻求并维护真挚的友谊。

沟通案例

杨艳与刘晓红是大学同班同学，住在一个宿舍里，每天形影不离，关系好得像一个人似的。同学们都笑称她俩是"砣不离秤，秤不离砣"。

毕业后，刘晓红去了广州，杨艳留了成都，所以她们之间的联系渐渐少了，杨艳只是偶尔给刘晓红打一个电话问候一声。

后来，由于工作越来越忙，有时候好几个月杨艳都想不起来给刘晓红打一个电话。

再后来，杨艳结婚了，当妈妈了，她和刘艳红的联系几乎中断了。

虽然有时候，杨艳在翻相册时偶尔能够想起刘晓红，但对她的印象已经开始模糊了。而且潜意识里也不太想再重拾那段友情，或许是因为照顾家庭已经力不从心，或许是因为工作已经精疲力竭。

有一次，一位从广州回来的同学给杨艳带回了刘晓红的消息和新的联系方式，并转告她说，刘晓红希望杨艳有时间能给她打个电话。可是，忙于照顾孩子忙于工作的杨艳一转眼便把这件事情忘记了，而同学带给她的刘晓红的联系方式也不知道被她遗忘在哪了。

就这样，杨艳和刘晓红之间彻底中断了联系。

英国文学家约翰逊博士说："一个人应该经常整修他的友谊。"友谊真的需要锤子和铁钉加以修理吗？约翰逊是要我们像政客那样到处奔走，以修补友谊的篱笆吗？不，约翰逊博士的意思是：你不要把友谊看着是自生自灭的，友谊需要时时维护。

5.3.1　善于利用现代通讯工具

与好朋友经常碰面，给好朋友打打电话，给好朋友发发短信等方式都是维护朋友友谊的常用方法。我们可以充分利用现代化的通信设备，有事没事与朋友常联系，让电话、短信和实物成为联系朋友之间情感的纽带。

5.3.2　学会维护朋友间的友谊

不能让人觉得你是一个过分认真的人。如果有朋友说你"你别总是这样严肃，其实这样并不好，会让人反感的。"你就应该及时改正过分认真的毛病。

在与同一个圈子朋友聊天时，不要和他们说你的另一个圈子的朋友如何如何的出色和优秀，不要特意吹捧某一个人，也不要总是和朋友们说你都做出了哪些多么牛的事情，这样会让人觉得你老是在炫耀自己或者蔑视他人。

当你接到朋友给你的电话时，语气一定要显得很是兴奋热情，态度积极。当接到朋友电话时不要摆出一副爱搭不惜理的语气和态度，要学会尊重他人，要珍惜身边的同学、朋友，如果确实没有时间或者有什么紧急情况的话一定要第一时间把原因告诉他们，如果觉得原因告诉不告诉他们都无所谓的话，那以后的误会可能会越来越深，说不定你们的友情就会因此而结束！

不要高看谁，也不要低看谁。在人生的每一个阶段都会接触许多不同的人，你千万不要只是接触层次大于等于你的人，而相对于你来说层次低的人你却毫不理睬。从大街上随机的抽取一个人，他的身上总会有值得你学习的优点，但他也有许多不如你的地方。

克服自己的嫉妒心理。每个人都有嫉妒心，但我们要正确的认识它，因为当你嫉妒一个人的时候，你的言行举止就会反常，从而变得不自然甚至会失态，如果朋友做得非常出色我们要祝福他们，并且告诉自己，我该加油了，将嫉妒变成前进的动力。

上天是公平的，它不让你认识所有的人，因为它怕你到那个时候不知道什么是珍惜，而现在拥有的朋友就是上帝赐予我们最珍贵的礼物。所以当朋友有困难或者迷茫的时候你要陪伴他们渡过难关，当他们成功的时候你要陪伴他们一起微笑，当他们失败的时候你要让他们重新振作起来。

沟通体验

每位同学准备一张卡（纸）片，上面写上自己的名字，写好后交给班长，班长把卡（纸）片充分混合后，随机从中抽取两张，作为要找的朋友，要求这两位同学在5分钟内通过交流，了解对方的家庭状况、联系方式、兴趣爱好等，能建立恰当的联系。

与陌生人沟通的技巧

金点子

世界上没有陌生人，只有还未认识的朋友。

——怀特曼

成功人士大多是有关系网的人，这种关系网由不同的朋友组成，有过去的知己，亦有近交的新朋。他们善于将不同行业、不同特长的陌生人纳入自己的朋友圈，各式各样的朋友能够从不同角度为其提供帮助，助推其成功。

6.1 成功人士都善于同陌生人沟通

沟通导航

①找到和陌生人的共同点；
②说好初次见面的第一句话；
③掌握和陌生人交往的技巧。

沟通案例

富兰克林·罗斯福刚从非洲回到美国，准备参加1912年的参议员竞选。因为他是西奥多·罗斯福的侄子，又是一位有名的律师，自然知名度很高。在一次宴会上，大家都认识他，但罗斯福却不认识所有的来宾。同时，他看得出虽然这些人都认识他，然而表情却显得很冷漠，似乎看不出对他有好感的样子。

罗斯福想出了一个接近这些不认识的人并能同他们搭话的主意。于是他对坐在自己旁边的陆思瓦特博士悄声说道："博士，请你把坐在我对面的那些客人的大致情况告诉我，好吗？"陆思瓦特博士便把每个人大致情况告诉了罗斯福。

了解大致情况后，罗斯福借口向那些不认识的客人提出了一些简单的问题，经过交谈，罗斯福从中了解到他们的性格特点和爱好，知道了他们曾从事过什么事业，最得意的是什么。掌握这些后，罗斯福就有了同他们交谈的话题，并引起了他们的兴趣。在不知不觉中，罗斯福便成了他们的新朋友。

1933年，罗斯福当上了美国总统，他依然采取和不认识者"一见如故"的说服术。美国著名的新闻记者迈克逊曾经对罗斯福总统的这种说服术评价道："在每一个人进来见罗斯福之前，关于这个人的一切情况，他早已了如指掌。大多数人都喜欢顺耳之言，对他们做适当的颂扬，就无异于让他们觉得你对他们的一切事情都是知道的，并且都记在心里。"

沟通知识

面对陌生人，一般人的反应都是好奇和提防，尤其是提防。但最近国外心理学家指出，和陌生人说话有三大好处：①可以体现和加强一个人的自信；②能体现个性，有助于人格发展；③和陌生人交谈，更能锻炼口才和人际沟通能力。

■ 6.1.1 找到和陌生人的共同点

心理学表明，如果能够找到和陌生人的共同点，就可以打开初次见面互相不熟悉且心存戒备的窘境。

（1）察言观色，寻找共同点

一个人的心理状态、精神追求、生活爱好等，都或多或少地在他们的表情、服饰、谈吐、举止等方面有所表现，只要你善于观察，就会发现共同点。当然，察言观色还要同自己的情趣爱好相结合，自己对此也有兴趣，打破沉寂的气氛才有可能。否则，即使发现了共同点，也还是无话可说。戴尔·卡耐基说过："将自己的热情与经验融入谈话中，是打动人的速简方法，也是必然条件。如果你对自己的话不感兴趣，怎能期望他人感动。"

（2）以话试探，观察共同点

可以打招呼开场，询问对方，从中获取信息；可以通过其说话的口音、言辞，观察对方情况；可以帮对方做些急需帮忙的事，打开交际沉寂的局面。

（3）听人介绍，发现共同点

去朋友家串门，遇到陌生人，主人会为双方介绍，细心人从介绍中马上就可以发现对方与自己的共同之处，就不会觉得生疏了。这当中重要的是在听介绍时要仔细地分析认识对方，发现共同点后再在交谈中延伸，不断地发现新的共同关心的话题。

（4）揣摩谈话，探索共同点

为了发现陌生人同自己的共同点，可以在需要交际的人同别人谈话时留心分析、揣摩，也可以在对方和自己交谈是揣摩对方的话语，从中发现共同点。

（5）步步深入，挖掘共同点

随着交谈的深入共同点会越来越多。必须一步步地挖掘深层共同点，才能如愿以偿。

■ 6.1.2　初次见面的第一句话

一回生二回熟，二回不难，难就难在头一回。难在哪儿呢？难在面对的是陌生人，不知该从什么话说起，不知该说什么话，不知说出的话听了会不会让人感觉不悦。

结交陌生人，最难掌握的就是一开始的十几秒。因此，需要一定的方法才能够达到效果。如提前做好思想、形象上的准备，再辅以热情的态度，诚挚的微笑，自信走向对方。做到这些，相信对方就能感受到你的诚意，解除对你戒备心理。

面对一个很想认识的陌生人，你需要这么做：微笑，打招呼，握手，眼神接触，点头示意。总之，要让对方觉得，你是一个想与他交谈的人，并且是一个很友好善良的人。

初次见面的一句话，是留给对方的第一印象，说好说坏，关系重大。说第一句话的原则是：亲热、贴心、消除陌生感。常见的有这么三种方式：攀认式、敬慕式、问候式。

俗话说"巧妇难为无米之炊"，没有话题，谈话就没有焦点。光是空发话，没有实际意义。陌生人终究还是陌生人，陌生的局面终究化不开。

怎样巧找话题呢？那要从具体情况出发去考虑，具体可以从以下方面找话题：

你想了解的方面、社会热点问题、眼前和身边的具体景物、大家都感兴趣的事情。

■ 6.1.3　和陌生人交往的技巧

善于和陌生人交往，是每个人在人生发展过程中必须解决的问题，我们要改变观念，主动和他人沟通，锻炼自己。爱默生说过，将心拉近是获得朋友的唯一方法，就是要主动去做别人的朋友。

（1）有缘得以相会

当与陌生人相遇时，把这种今生能够相遇，看成是"上天"赐给我们的缘分，也许此次见面，挥手一别，就没有再见的缘分，所以我们就更应该珍惜这瞬间的相处，尽量使彼此留下愉快的记忆。这种"惜缘"的态度，往往能主动化解陌生人交往的心理戒备，发展出良好的人际关系。

（2）树立主动沟通意识

俗话说："万事开头难"，当你与对方完全陌生的时候，要开始一次交谈确实很困难。但是，只要你掌握了一定的技巧，就会达到目的。

（3）寻找合适的话题

有的人很想与对方交谈，但又不知该说些什么。其实你大可不必如此，也许对方比你更紧张。如果你能跟他谈一些轻松的合适的话题，紧张感就会消除，双方都会感到很愉快。

（4）用积极的心态面对所有的陌生人

冲破和陌生人交往的屏障。和陌生人交往之所以存在障碍，关键是人际之间隔着一层"纸膜"，如果有人能将这层纸膜捅破，人们之间的沟通就会进入到由陌生到熟悉的发展过程。

人与人之间由陌生到熟悉，也就是一步之遥的距离。如果你想把陌生人变成朋友，就得在心目中建立一种乐于与人交朋友的愿望，心里有了这种要求，你才能有良好的表情，积极的行动。

沟通体验

测一测你的沟通能力：

①你是不是见了熟人，总觉得无话可说？

②你是不是喜欢和别人争执？

③你是不是常常说些犯别人忌讳的话？

④在与别人交谈时，你是否觉得自己的话常常不被别人正确理解？

⑤在与自己观点不同的人交流时，你是否会觉得对方的观点很奇怪？

⑥在一次会议中，有人反对你的观点，你会认为那是针对你个人吗？

⑦在通知别人一件事情时，你喜欢用手机发短信代替打电话吗？

⑧在和别人交流时，你说话的时间是不是比别人多？

⑨感到不顺心时，你会把自己的苦恼逢人就讲吗？

⑩在众人聚集的场合里，你喜欢把话题往自己身上扯吗？

⑪当你取得好成绩时，是否唯恐同学和好友不知道？

⑫你能不能把所要谈的问题，用各种不同的方式来谈？

⑬你说话的声调是不是不缓和？

⑭在与人谈话时，如果你对正确了解别人的观点没有把握，你是否会请对方给出明确指示？

⑮你在开会和听课的时候，是否能够专心听讲，尽量了解讲话者所说的内容？

⑯你不同意一个人谈话的内容时，是否还会认真的听下去？

评分说明：

1~11题回答"否"得1分；12~16题回答"是"得1分。得10分者，沟通能力基本合格；得13分以上者，沟通能力较强。

6.2 面对陌生人必须克服害羞心理

沟通导航

①正确认识害羞心理；
②如何识别害羞心理；
③克服害羞心理。

沟通案例

有两位同学去某公司应聘。那天正下着雨，主考官帮忙接过雨伞，丽丽说了声"谢谢"。姣姣则害羞地低着头，不声不响地走了进去。主考官又特地倒了两杯茶递给她们，丽丽大大方方地道了谢并双手接过，姣姣接过茶又低下了头。落座后，丽丽微笑着双手把自己的简历递上。当主考官问姣姣要简历时，她非常紧张，递送简历时手都有些发抖。临走，主考官递过雨伞，姣姣甚至忘了向其说声谢谢……

沟通知识

害羞是常见的一种人际交往障碍，是指在交往过程中，过多约束自己的言行，以致无法充分地表达自己的思想感情，阻碍了人际关系的正常发展。

■ 6.2.1 害羞有三种类型

第一种是气质性害羞，即生来性格比较内向，说话低声细语，见生人就脸红，说话办事有一种胆怯心理。

第二种是认识性害羞，即过分注意自我，私心太重，说话办事都十分谨慎，唯恐自己的言行不对而被被人耻笑。

第三种是挫折性害羞，此类型的害羞是由于种种原因，连遭挫折而使自己原本开朗积极主动、乐于交往的性格变得胆怯怕生，消极被动。

■ 6.2.2 不同类型的害羞采用不同的克服方法

气质型害羞，因它不是一时一日形成的，因而对于克服害羞心理也要有耐心。首先是害羞者自己主观上要努力，提高自信心，用意志来克服这一不良心理；其次需要他人的帮助，采取系统脱敏疗法，使原有的气质得到改善。

对认识性害羞和挫折性害羞，则应强调观念，改变看法，采用认知疗法，来消除害羞心理，同时还要积极创设良好的客观环境，尤其是挫折性害羞者对于客观环境十分敏感。

因此，害羞者要克服害羞心理，应积极参加班级集体活动，日常生活中要多发言，只有这样，才能增强自信心，克服害羞心理，从而在各种场合表现得自如良好。

研究表明害羞心理是完全可以克服的，害羞的人完全不必为这一弱点背上沉重的包袱，下面的建议，不妨试试看。

做个有心人，记下令你感到不安的事情，了解令你害羞的事到底有哪些。

在生活中寻找和观察在某方面不害羞的"榜样"，模仿与学习"榜样"，尝试扮演一个不害羞的你。

参加社交活动之前，最好做好充分的准备，有机会的话，可做事先演习并熟练化。

改变你的身体语言最简单的改变方法就是SOFTEN法，即柔和身体语言，往往能收到立竿见影的效果。所谓"SOFTEN"，S代表微笑；O代表开放的姿势，即腿和手臂不要紧抱；F表示身体稍向前倾；T表示身体友好地与别人接触，如握手等；E表示眼睛和别人正面对视；N表示点头，显示你在倾听并理解它。

主动把你的不安告诉别人。诉说是一种释放，能让当事人心理上舒服一些，如果同时能获得他人的劝慰和帮助，当事人的信心和勇气也会随之大增。

和陌生人交往的能力是衡量人际交往能力的关键性尺度。40%的人都有害羞心理，害羞不能成为一生的负担。害羞的人可以尝试着融入一个新的社交环境，逐渐克服害羞心理。

跟陌生人交流的模拟训练。

①问话探路法

把对方假设成一般过路人，然后像问路一样，找一些自己心里有数却佯装不知的问题请对方来回答，这样你就取得了语机上的主动。无论对方的回答对与错，你均需认真地洗耳恭听，即使对方说错了，你也应该"将错就错"地表示谢意。因为，这种问话探路的目的并不是要找到什么答案，而是为了尽量打开双方对话的闸门。对话闸门打开后尽量和对方多说话，消除原先那种陌生感。

虽然这种方式听起来好像有点儿虚伪，但对怯生者来说，不失为树立自己说话自信心，克服害羞心理的有效办法。

②轻松探微法

和一个陌生人初识，有时只需抓住对方工作或生活的某个细节，就会很顺利地叩开双方沟通之门。

仔细观察一下你身边的陌生人，看看他们是否有比较特别的地方，比如对方穿着上是否有异族风情的配饰，比如对方使用的手机款式让你非常青睐，比如对方所抽香烟的牌子……谈论这些细节很可能立刻吸引对方的兴趣。聊天的话题最好选择节奏感比较轻松明快的、无需费尽思量的，这样就不会让人对你的搭话产生反感。

第一次搭话顺利过关，就给第二次见面的进一步沟通做好了铺垫；到了第二次，你就不妨直呼对方的名字，讲一些无伤大雅的笑话。但不管讲什么，话都宜少不宜多，话一多，露了怯，你就赢不到对方的尊重了。

当对方有意和你沟通时，无论对方的话是对是错，切忌否定对方，因为毕竟你们还不熟，一旦被否，余下的沟通就很难继续，前面你所做的一切细节探微的努力也会因此而徒劳。

③开门见山法

你经人介绍和一个群体初识（或你刚到一个团队上班），你所面对的是许许多多陌生的面孔。你不知道他们，他们也不了解你，尽管这些新面孔都和蔼可亲地纷纷围上前来，主动和你搭话，但你依然紧张得手心出汗不止，搜肠刮肚也找不到一句恰当的话，面对这种情形你该怎么办？

逢此情况，心里不要有顾虑，更不要回避大家的提问，要想尽快和一个群体相熟，不说话是不行的。但面对你一言我一语的探问，你不能忙着去应答任何一个问题，这样你就很容易失去先机，因为你还没答完一个问题，第二个、第三个问题又在等着了。那么

怎样才能把握好与陌生群体对话的语机呢？有几种开门见山的"开场白"，你可以试着用。比如"初来乍到，请大家多关照"；比如"今后我们要一起共事了，我有什么不妥之处，还请各位包涵"；比如"作为新人，能得到大家的如此热情，真让我感动不已"；比如"认识大家很高兴"……

6.3 面对陌生场合巧妙运用沟通策略

沟通导航

①知晓在陌生场合的沟通策略；
②在陌生场合与人交往的自我调适；
③能够针对陌生场合巧妙运用沟通策略。

沟通案例

一天，小王约好与一个企业的业务经理见面。一见面，小王看到对方是个30多岁的中年人，相貌英俊潇洒，身体状况良好（随着以后交往的深入，事实证明这个人的整体素质非常出色）。小王注意到在办公室的一个角落里放着握力器和哑铃，小王心里暗想，这个人可能比较喜欢运动健身。寒暄一番后他们进入正题，小王首先满怀自信地将公司情况介绍了一下，经理非常有礼貌地低头倾听，中间偶尔问几个问题。在介绍了公司情况和对客户网站建设的思路之后，小王借着倒水的机会装着惊讶地发现其健身器具，就说"经理，怪不得您精神状态这么好，原来您经常锻炼啊！"这句话起到了很好的效果，于是他们的话题离开了业务，用了近两个小时的时间来谈身体、谈事业、谈家庭。期间，小王以一个后辈的身份时不时地奉承几句，时不时故意请教一些问题，更是激发了客户交流的兴趣……

沟通知识

任何沟通都是在一定的场合中进行，场合不同，人们的心理和情绪也往往会随之发生变化，从而影响说话者对思想感情的表达，以及听话者对话语意义的理解。沟通时无论话题的选择、内容的安排，还是言语形式的采用，都应该根据不同的场合来表达，来决定取舍，做到灵活自如。

6.3.1　陌生场合的沟通策略

如果我们想交朋友，就要先为别人做些事——那些需要花时间、体力、体贴、奉献才能做到的事。

——卡耐基

当你来到一个陌生的场合，与素不相识的人初次见面，可运用以下策略：

在陌生场合，要表现得谦逊一点，低调一点。

尽早弄清对方的名字，在陌生场合见到一个人能准确地叫出对方的名字，人家一定会非常高兴，高兴的背后则是一种积极的印象。初次见面，对自己姓名略加说明会让人认可你的幽默风趣，也会更加容易记住你。

脸上常带微笑，用眼神沟通。眼睛是心灵的窗户；微笑的核心是眼睛，真正的微笑会通过眼睛到达心灵。与他人面对面交谈，应该用眼神平视对方，也就是用眼神说话，这样会给对方留下十分强大的印象。

保持积极的态度，主动跟对方打招呼。

注意自己的表情。人心灵深处的想法都会形之于外，在表情上显露无遗。在这里，需要提醒的是，万事万物贵在坚持，当你真正地坚持下去时，一定会发现意外的惊喜。

6.3.2　陌生场合的自我调适

你有没有发现，在陌生场合，懂得如何说笑的人是最受人欢迎的，但一般人需要心理上的调整，才能够培养这份能力。照以下方式自我调适，就能让人际关系向前迈进一步。

放下身份。不管是什么身份，如果想要受人欢迎，就得放下身段。

把话说得亲切点儿。在陌生场合与不熟悉的人交流，话说得太高雅，会拉出距离，没有人喜欢成天一本正经的苦瓜脸。

说起话来可别像老师上课。在朋友之间说理，只要点到为止就好，别成天婆婆妈妈的，让人见了退避三舍。

把热情拿出来，把诚恳写在脸上。朋友之间遇到麻烦需要有人处理时，尽管举起手来大声说："让我来！"时常打个电话问候一下，别在有求于人时才登门拜访，结结巴巴地说"无事不登三宝殿。"

当今世界人际交往极其平凡，参观访问、调查考察、观光旅游、应酬赴宴、交涉洽

商……在陌生场合跟人打交道，掌握一定的技巧和诀窍，不仅是一件快乐的事，而且对工作和学习大有裨益。

沟通体验

找一个小借口（如借书或手机充电器等），到你不熟悉的宿舍找一个你不认识的同学，通过留心观察，找到恰当的话题，结交新的朋友。

语言沟通篇

金点子

　　现代社会生活节奏很快，人们的生活和工作都依赖于人际交往，社交成了人们赖以生存的重要手段。社交能力不能与生俱来，需要克服社交恐惧、提高表达能力并借助于电话等日常沟通工具，并在人际交往中不断地增强社交技巧、扩大社交面，最终具备良好的社交能力保证正常的学习与生活！

7.1　心理透视，克服社交恐惧

沟通导航

①正确认识社交恐惧。
②正确识别社交恐惧。
③克服社交恐惧。

沟通案例

　　李秋彤在一家公司工作了15年，由于工作成绩突出，被提升为业务经理。但由于她一直是业务骨干，所以在提升以后陷入了迷茫，不知道这个行政岗位的职务是不是真的适合她？第一周的经理例会，需要她汇报工作，她非常紧张，稿子写了一遍又一遍都不满意，还将改了无数遍的发言稿背得滚瓜烂熟。开会时间到了，李秋彤坐在位子上听别人做汇报时，她的焦虑不仅没有减少，还有所增加，她担心自己发言表现不佳，越想越觉得胃里不舒服，越担心别人认为提升她是个错误的选择。正式发言开始时她说得结结巴巴的，完全不是她平时的风格，不过经验丰富的她很快调整好自己，逐渐进入演讲状态，紧张也逐渐消失了。

　　分析：
　　李秋彤在众人面前讲话时表现出紧张就是一种社交焦虑。在公众场合讲话的社交焦虑是很普遍的，大多数有过此经历的人都出现过类似症状：胃里不舒服，心跳加快，担心别人怎么看自己，说话不流畅、感觉不自信。这种普遍存在的社交焦虑让人不愉快，而且很多人无法避免。

7.1.1　正确认识社交恐惧

> 当红美剧《生活大爆炸》中有一位在大学工作的印度天才，他与朋友之间的交流轻松正常，但是一面对女性，立即哑口无言。他多次努力想克服这个问题，说出自己的想法，哪怕是一句道歉，但是他无论如何就是做不到。除非是在喝酒之后，或者服用了实验性的药物，他才变得侃侃而谈。
>
> 观众们在看着这位天才演员哈哈大笑时，谁也想不到他患有社交恐惧，其实他也有非常痛苦的一面。

社交恐惧症是神经症的一种。在美国患社交恐惧症的人数仅次于抑郁症、酗酒而名列第三，美国社交焦虑症协会甚至指出，全球约有7%的人患有社交焦虑障碍症，平均每100人中有13人在一生中有发病机会。一个保守且被广泛报道的数字是，中国每10人中约有1人或多或少有社交焦虑方面的困扰。

亲爱的，你该出去多认识些朋友了

（1）什么是社交恐惧症

社交恐惧症（social phobia），又名社交焦虑症，是一种对任何社交或公开场合感到强烈恐惧或忧虑的精神疾病。患者对于在陌生人面前或可能被别人仔细观察的社交或表演场合，有一种显著且持久的恐惧，害怕自己的行为或紧张的表现会引起羞辱或难堪。在心理学上被诊断为社交焦虑失协症（SAD）。

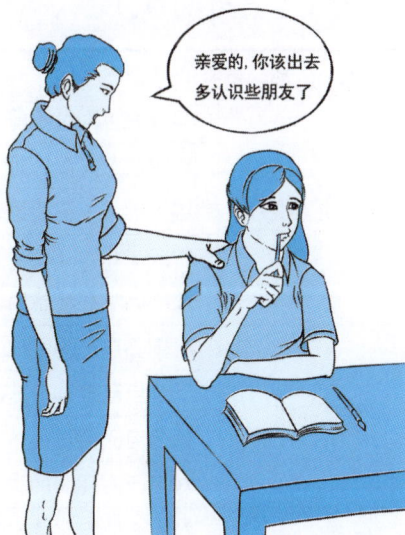

（2）社交恐惧形成原因

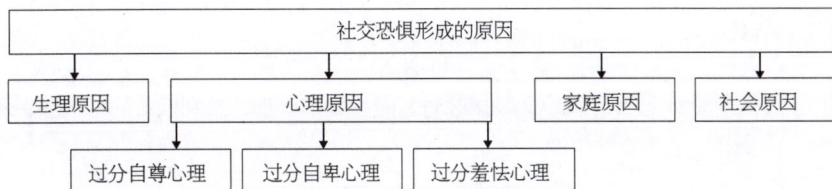

```
                        社交恐惧形成的原因
        ┌──────────┬──────────────┬──────────┬──────────┐
      生理原因        心理原因        家庭原因      社会原因
              ┌────────┬────────┬────────┐
          过分自尊心理  过分自卑心理  过分羞怯心理
```

7.1.2　如何识别社交恐惧

怎样才能知道自己是不是患有社交恐惧症呢？请对照下面症状进行检查。

语言沟通篇　Chapter 7

（1）主要的两种社交恐惧

种 类	常见症状	患病人群
一般社交恐惧	害怕自己成为别人注意的中心	所有人
	总是感觉周围每个人都在看着自己；都在观察自己的每个小动作	
	害怕结识陌生人	
	尽可能回避公共场所	
	从不敢和老板、同事或任何人进行争论	
	不敢在公共场所捍卫自己的权利	
特殊社交恐惧	在熟悉的社交场合不会感到恐惧	推销员
	一般交往中无异常	演员
	对某些特殊的情境或场合特别恐惧	教师
		音乐演奏家

（2）常见的社交恐惧

类 别	主要症状
视线恐惧	与别人见面时不能正视对方，视线相遇就感到非常难堪
	一味注意视线，越急于强迫自己稳定越不能集中注意力与对方交谈
	谈话前言不搭后语，而且往往失去常态
	有的学生患者在上课时，总是不能控制自己去注意旁边的同学，或总感到旁边的同学在注意自己，影响了上课，感觉非常痛苦
表情恐惧	总担心自己的面部表情会引起别人反感，对此慌恐不安
	认为自己眼神令其他人生畏，或认为自己的眼神毫无光彩等
	认为自己笑时是一副哭丧相或不满意自己眉毛、鼻子等
	对自己面孔倍加注意，不知如何是好，最后甚至不愿见人
赤面恐惧	在人多的时候的场合会非常焦虑、害羞或不好意思而脸红，脸红后更感觉羞耻，以至于畏惧到众人面前
	一直努力掩饰自己的赤面，并因此十分苦恼、痛苦不堪
	连向别人问路也感到不便，宁肯自己多花费时间也甘愿如此
	觉得不治好赤面恐惧症状，一切为人处世等都无从谈起
异性恐惧	与异性或者自己领导上级接触时，症状尤其严重，感到极大的压迫感，不知所措，甚至连话也说不出
	与自己熟识的同性及一般同事交往则不存在多大问题

■ 7.1.3　克服社交恐惧

克服社交恐惧，除了在长期的日常生活中逐步培养对外界的适应能力，有意识地多接触周围的人和事，把注意力尽量从自身转移到具体事物上更重要的是克服过分自尊、自卑和羞怯的心理，逐渐克服社交恐惧，不断训练自己的社交能力。

（1）常规治疗方法

药物疗法：这是目前被认为是最有效的治疗方法。发病是因为体内某种化学物质的失调所致，所以运用某类药物调节平衡。

催眠疗法：这是一种治疗时间长、花费也比较大的治疗方法。精神分析师将患者催眠，挖掘他们心灵或记忆深处的东西，看他们是否经历过某种窘迫的事件，试图寻找到患者发病的根源。

物理疗法：这是一种与传统药物治疗、催眠疗法完全不同的治疗方法。通常采用经颅微电流刺激疗法，通过低强度微量电流刺激大脑，改变患者大脑异常的脑电波，促使大脑分泌一系列与社交恐惧、焦虑等疾病存在密切联系的神经递质和激素，以此实现对这些疾病的治疗。

情景疗法：这是一种精神分析师用的激励治疗方法。精神分析师不断地鼓励患者面对假想，不断地模拟发生社交恐惧症的场景，不断练习重复发生症状的情节，让患者从假想中适应这种产生焦虑紧张的环境。

认知疗法：这是一种不断灌输观念的治疗方法。患者正确掌握人与人交往的程序，学会与人交往的方法。

强迫疗法：这是一种心理疗法。医生让患者站在车水马龙的大街上，或者让他们站在自己很惧怕的异性面前，利用巨大的心理刺激对患者进行强迫治疗。

> 窦文涛是香港凤凰卫视的主持人，他主持的谈话节目独树一帜并颇受欢迎，但窦文涛却认为自己是一个自闭的人，与他在职业角色中从容表现截然相反的是他在社交场合很不自在。"实际上我们家的人都有点社交恐惧症。"他在2010年11月9日播出的节目中坦承，"平常对我来说，吃饭时只要有不认识的人在，我的心力付出就特别大，对我来说这是个特别费劲的事。"

（2）自疗方法

不否定自己，转移注意力。

接受自己的缺点，接受自己犯过的错误，不要给自己很大压力；可以换个角度，不断地告诫自己"我是最好的"，鼓励自己"天生我材必有用"，不断树立信心。

不苛求自己，不苛求完美。

能做到什么地步就做到什么地步，只要尽力了，不成功也没关系。用轻松友善的心

态对待自己和他人，多给自己积极的心理暗示，把愿意与人交往的念头表达出来，结识那些你想结识的人，朋友会让你的世界更开阔。

学会倾听，学会微笑。

保持微笑，克服平时的厌恶心理，对自己宽容一些，耐心地对待自己。除了微笑做一个表达者，也做个好的倾听者，倾听会让你更加宽容，会体谅，包容他人。

设定目标，找个倾诉对象。

可以每天设定一个交谈的小目标。先从你身边的人开始，家人、朋友、同事，要尽量多说，延长自己的谈话时间，尤其一定要说出自己的烦恼，享受谈话和交流的过程。之后，去认识那些你想认识的人，去跟更多的人交往。

参加聚会，友善对待他人。

训练自己主动参加各种聚会。友善地对待别人，助人为快乐之本，在帮助他人时就能忘却自己的烦恼，克服社交恐惧，同时也可以证明自己的价值存在。

社交是展示风采的重要场所，如果患上社交恐惧，你将不能和大家自由交谈，无法自信地在公众场合发表你的观点，更害怕出席谈判、酒会、晚宴等各种社交场所。所以正视社交恐惧，勇敢做一个社交职场达人吧！

沟通测试

目的：了解你是否患有社交恐惧症。

记分方法：每个问题有4个答案可以选择，从不或很少如此1分，有时如此2分，经常如此3分，总是如此4分。根据你的情况在上表中圈出相应的答案，此数字也是你每题所得的分数。将分数累加，便是你的最后得分了。

测试题	从不或很少如此	有时如此	经常如此	总是如此
①我怕在重要人物面前讲话				
②在人面前脸红我很难受				
③聚会及一些社交活动让我害怕				
④我常回避和我不认识的人进行交谈				
⑤让别人议论是我不愿的事情				
⑥我回避任何以我为中心的事情				
⑦我害怕当众讲话				
⑧我不能在别人注目下做事				
⑨看见陌生人我就不由自主的发抖、心慌				
⑩我梦见和别人交谈时出丑的窘样				

1~9分　放心好了，你没患社交恐惧症。

10~24分　你已经有了轻度症状，照此发展下去可能会不妙。

25~35分　你已经处在社交恐惧症中度患者的边缘，如有时间一定要到医院求助精神科医生。

36~40分　很不幸，你已经是名严重的社交恐惧症患者了，快去求助精神科医生，他会帮你摆脱困境的。

7.2 锻炼培养，提高表达能力

沟通导航

①锻炼各种表达技巧；
②培养表达能力；
③提高表达能力。

沟通案例

据说拿破仑不但用兵如神，而且机智幽默、擅长辞令。有一次，欧洲反法神圣同盟兵犯法国，来势汹汹。法国军队迅速展开一场激烈的防御战，拿破仑派手下两个屡建奇功的军团担任起艰巨的防御任务。没想到，防御部队的士气低落，被敌兵打得落花流水，四处逃窜。

拿破仑集合了垂头丧气的士兵们，在集合队伍面前踱来踱去良久，震得残兵败将们心惊肉跳方满怀悲愤地开始演讲："你们不应该动摇信心！你们不应该随随便便丢掉自己的阵地！你们知道，夺回那些阵地是多么的不容易，要付出多大的代价呀！"看着士兵们惭愧地低下了头，拿破仑猛然回头命令道："参谋长阁下，请你在这两个军团的旗子上写下这样一句话：他们不再属于法兰西军了。"士兵们羞愧难当，甚至有人下跪嚎哭道："统帅，您再给我们一次机会吧！我们要立功赎罪，我们要雪耻啊！"拿破仑见状，相信他的军队能以自己的英勇行为洗刷上一次的耻辱，不禁神采飞扬，当众振臂高呼："对！早该这样了。这才是好士兵，才像拿破仑手下的勇士，这才是战无不胜的英雄！"

以后，面对反法同盟的疯狂进攻，恶战一场接着一场。可是，这两个军团异常骁勇，战斗力极强，几乎是攻无不克，战无不胜，多次重创敌军，建立了赫赫功勋。

分析：
拿破仑在战争的关键时刻巧用语言鼓舞了士兵们的士气，使士气低落的士兵顿时又骁勇善战，语言表达在这里收到了出其不意的效果。其实语言在沟通中的作用还很多，要掌握语言沟通技巧、提高表达能力就得有意识的锻炼和培养。

沟通知识

语言产生于人类的社会交往，也为人类的社会交往服务。人在社会交往活动中，要进行物质交换和心理交流，都必然依靠语言的存在和发展。语言表达促进了社交沟通，社交沟通也使语言表达能力显得更加重要。

7.2.1 锻炼各种表达技巧

克林顿曾说过，"我每次讲话什么都学不到，只有在聆听时才能学到很多东西。"我们的信息至少60％都是靠倾听得来的。钢盔就是由法国的亚德里安将军听来的。电报机的发明也是由美国画家莫尔斯听来的。"三通"电源插头就是由日本经营之神松下幸之助无意间听来的。

（1）听的技巧

听是说的基础，沟通首先是倾听的艺术，听比说往往更重要，会说话的人听着说，不会说话的人抢着说。听占了沟通时间的40%。所以学会倾听就意味着倾听别人的意见，比如何说话要重要得多，倾听是我们学习、了解外部世界的重要渠道，倾听使他人感到被尊重。

要想会说，就要养成爱听、多听、会听的好习惯，除了在社交沟通中注意听别人说话外还要注意观察对方的面部表情、目光眼神、肢体动作等非语言的信息，获取大量丰富的信息后再经过大脑的整合、提炼，就会形成语言智慧的丰富源泉多听然后多思最后多讲，不断培养听的能力，为培养说的能力打下坚实的基础。

1971年国庆节，美国作家斯诺被邀请登上天安门城楼。斯诺在天安门上对毛主席说："北京这么美，我想尼克松总统也应该来看看。"毛主席立即"听"出了美国政府的"试探信号"，他对斯诺说："尼克松总统如愿意来中国，无论是正式公开访问，还是私人秘密来访，我们都欢迎。"斯诺将毛主席的话转达给了尼克松，尼克松总统即委派基辛格辗转巴基斯坦秘密来华，最后促使尼克松总统在第二年访华，中美正式建交。毛主席分析出中美双方正式建交的愿望与可能，巧妙地"抛出"信号，又准确地"接受到"美方的"反馈信息"，及时地做出积极的反应。

（2）问的技巧

社交中要建立良好的沟通，就要让谈话的对方对你产生信任，缩小谈话双方的距离感，而在听的基础上结合提问正是建立信任的最佳途径。可以用"要不要""是不是""对不对""是……，还是……"等句型发问，提问的内容可以选择询问对方关心的事情、询问对方的兴趣爱好、询问一些轰动社会的新闻或者选择一些最近刚刚读过的书、看过的电影、听到的音乐作为话题等等。最好的提问是对方只需一两个词、字或一个简单的姿势如点头或摇头等就可以回答的，这样的问题既简洁明确，又不给对方带来沟通压力。

> 小王自己不懂车，他感觉到车的发动机在带速时，会"铛铛铛"响，觉得响得很讨厌。然后他就把车开到修理厂。一个小伙子接待了他，问车怎么了，小王就说发动机有问题了，铛铛铛响。小伙子接着又问"哪儿响？"小王就说不清楚具体是哪儿响，"是吗，什么时候开始的"？小王说大概有一星期了。小伙子在车上东看看西看看，也找不到问题究竟出在哪里。他只好把他师傅找过来了，他师傅过以后，提问的方式马上转变了，第一个问题是发动机的机油换没换。小王说好像是一个月之前换的。接着师傅又问：你这两天车是不是经常点着不走，小王回答说是有这种情况。然后师傅又问化油器清洗过吗，小王说前段时间洗的，这时师傅说可能毛病出在化油器上，一看果然如此，化油器堵住了。
>
> 同样是提问，小伙子的提问没有解决问题，而他的师傅却提了几个简单的问题就找到了汽车问题原因所在，同样是提问却体现出师傅丰富的专业知识和准确的判断能力，可见要找准不明白、有疑问的地方提问，有效的提问才能达成有效的沟通。

（3）说的技巧

说的技巧可以概括为有声语言技巧、无声语言技巧和辅助语言技巧。

特　点		运用技巧
有声语言技巧	是一种很具体和常见的方式	有效的开启话题
	直接体现一个人的修养和学识	紧紧围绕话题交谈
	是最容易出现差错的环节	圆满的结束话题
	直接影响社交双方的互相沟通	
无声语言技巧	使用广泛	把握和谐、自然、得体、适度的原则
	能巧妙表达信息，主要包括表情、手势、身姿、仪表仪态	
	可以强化、减弱甚至代替有声语言的沟通作用	善于读解对方的表情、手势语等无声语言
	全人类至少有70万种可用来表达不同思想意义的无声语言	

续表

特　点		运用技巧
辅助语言技巧	指的是与声音相关的组成因素，包括音调、音色、吐字、语速、音量和节奏六个方面	练习发声频率和说话声音强度
		校正自己的地方音和习惯音，选择字词进行对比练习和组词练习
	能加强或削弱信息沟通中语义的分量和效果	速度适中，利用语速变化和停顿进行语言交流，表达情感
	是对有声语言沟通的重要修饰和模糊	巧妙利用重音和声调起伏

　　有一则故事：西方女士进剧院，不愿摘下美丽的帽子，影响了别人的观看。剧院多次动员均无效。忽然有一日字幕上宣布："本院照顾年老女士，免其摘帽。"结果女士们纷纷取下了帽子，包括真正年老的女士，因为她们都不愿被人看为"老"。

　　小迪是一位调酒师，经常需要和客人交流，但她发现顾客总是不愿意和她聊天，不像其他的调酒师那样受欢迎。于是她问了个别熟悉的客人的意见并听完自己和顾客交流谈话的录音时，才知道自己说话都是一个节奏，音调偏高，音色单调还有鼻音。她还发现自己的语速很快，在酒吧这种环境客人不容易听清楚。于是，她开始训练自己的辅助语言技巧。每天对着录音机读5分钟，在读的过程中，先集中注意力然后进行缓慢的深呼吸，并注意放松声带。一个月后，她发现自己的音色有了改善并且音调、语速和节奏也有了很大的变化，慢慢地客人都喜欢边喝酒边和她聊天了！

■ 7.2.2　培养表达能力的途径

（1）树自信

　　在社交活动中语言表达是否自信，能否永远的自信，是取得沟通成败的关键。

　　自信的进行人际交往沟通是需要进行训练的，首先要建立自信的态度，培养乐观情绪和成功意识；其次可通过智力体操、调整呼吸、自我激励等方法增强自信心；接下来就要练习、练习再练习。练习微笑、练习正视别人、练习挺起胸膛等非语言沟通能力，练习发音、声调、讲话节奏等辅助语言能力；最后是练习当众说话，尤其在社交场合要尽量发言。

（2）多读书

　　社交沟通时要厚积文化底蕴，多读书有助于扩大知识面。

多读书首先应认识到读书好，然后还得读好书，最后养成多读书的好习惯。读书时，要仔细地读，反复吟诵和体会，增加读书的趣味，并锻炼语言表达能力。读书时还要加强记忆，把获得的知识运用于语言表达中。

（3）勤思考

社交沟通时要头脑聪慧，思维敏捷，一定要勤于思考。思维敏捷是口才好的前提条件，交谈能力的高低，在很大程度上依赖于思维能力的强弱。

要善于在大家司空见惯的事物中，在日常生活细小的情节中，发现挖掘深刻的哲理；善于在大家习以为常的定论中，得出新颖的观点；善于适应情况的变化，灵活机动地调控思想与语言；要有意识地运用科学的思维训练方法来磨炼自己，养成同中求异，异中求同的思维习惯。

（4）练口才

口才是思维的直接表现形式，想与说、思维与表达，两者互相传递，循环往复，以此在社交活动中交流思想，交换意见，互通信息，传递意图。

练习时不仅要注意语意的明晰，语气的恰当等问题，还要注意语意的准确，口齿的清晰和嗓音的圆润等问题。

■ 7.2.3　提高表达能力的要点

（1）语言要真诚

三国时期，诸葛亮定计"三气周瑜"，结果使周瑜一命而亡。为了不使两家分裂并结成仇恨，诸葛亮说服劝阻的君臣毅然前往为周瑜吊孝。到达灵堂之后，诸葛亮读完祭文就伏地痛哭，情真意切、泪流不止。一口一个"周都督"，一嘴一个"周贤弟"，一边诉说两人联合抗曹的谋略，一边长叹周瑜一死没有了共同谋划之人。令所有在场的人都非常感动，就连周瑜的夫人小乔也动摇了，人们对周瑜是不是诸葛亮气死的都产生了疑问，甚至认为周瑜之死是他自己心眼太窄造成的。诸葛亮为什么能取得这样的效果？那就是他真诚的态度。所以，在社交沟通时说话态度一定要认真诚恳，只有认真诚恳，才能使人可信，使人相信后就能达到沟通交流的效果。

俗话说，精诚所至，金石为开。真诚就是语言表达时要有真实的情感和诚恳的态度，话说得恰到好处，不含虚假成分，不花言巧语地玩弄虚假语言。语言真诚就要避免过于客套，过分地粉饰雕琢，避免失去沟通时的纯真自然。

（2）语言要幽默

在社交表达时善于运用幽默，不仅能缩短交谈双方的心理距离，使听者在笑声中体味到沟通的良好氛围，还会大大缩短交谈者之间的情感距离，使对方精神放松，消除紧张气氛，促进双方关系更加和谐融洽。

> 中国台湾著名主持人凌峰初次亮相大陆是在1990年春节晚会上，观众对他并不了解。他一上台就幽默的拿自己的长相"开涮"："我到大陆各地拍摄时，总发现，男人们在我面前都显得很自信，但女同胞对我的长相到了忍无可忍的程度，可虽如此，我还是很讨人喜欢。我到草原上去，草原上的人喜欢我，因为我们共同拥有一双单眼皮；我去西藏，发现西藏人也很喜欢我，当时我感到很奇怪，后来我才发觉(说到这儿，他把头上的毡帽取下来，露出光光的头，你们看，我再披上一件袈裟，像不像一个喇嘛呀？"从此"光头凌峰"因为洒脱有致的夸张，半真半假的自嘲幽默风格被大陆亿万观众熟悉和喜爱。

（3）语言要简明

社交沟通中语言表达要简洁、明快、干净利落。语言大师老舍曾说："中国的语言是最简练的语言。"当今的语言大师也认为言不在多，达意则灵。可见，简洁是说话的最高境界。

> 幽默大师马克·吐温讲过这样一个故事：有一次我去教堂做礼拜，适逢一个传教士在那里用令人哀怜的语言讲述非洲传教士苦难的生活。当他说了5分钟后，我马上决定捐助50元；当他接着讲了10分钟后，我就决定把捐助数目减至25元；当他滔滔不绝地讲了半个小时后，我又在心里把捐赠数目减到5元；当他最后讲了一个小时，拿起钵子向听众哀求捐助，从我身边走过的时候，我却反而从里面偷走了2元钱。
>
> 这个故事告诉我们，讲话长篇大论、冗长繁复，会让人生厌。说话还是短一点好，简洁一些好。

社交沟通中受人欢迎、具有魅力的人，一定是掌握了语言表达技巧的人。如果说，眼睛是心灵的窗户，那么，语言便是心灵的泉水。人们总是喜欢明澈的清流，而讨厌浑浊的污水，语言美是交际美中的重要内容。

目的：帮助你发现自己社交沟通能力的特点，并发现在哪些方面还需要改进。

方法：在下表的30个问题中，请按照你的实际情况，选择适合自己的答案符合2分，基本符合1分，难以判断0分，不太符合-1分，完全不符合-2分。

社交沟通水平自测表

测试内容	符合	基本符合	难以判断	不太符合	完全不符
我上朋友家做客，首先要问有没有不熟悉的人出席，如有，我的热情就会下降					
我看见陌生人常常无话可说					
在陌生的异性面前，我感到手足无措					
我不喜欢在大庭广众之下说话					
我的文字表达能力远比口头表达能力强					
在公众面前讲话，我不敢看听众的眼睛					
我不喜欢广交朋友					
我只喜欢与我谈得来的人交往					
到一个新的环境，我可以接连好几天不说话					
如果没有熟人在场，我感到很难找到彼此交谈的话题					
如果在"主持会议"和"做会议记录"这两项工作中选择，我肯定选择后者					
参加一次新的聚会，我不会结识好多人					
别人请求我帮忙而我无法满足对方时，我常感到难以处理					
不是万不得已，我决不求助于别人，这倒不是我的个性好强，而是感到难以开口					
我很少主动到同学、朋友家串门					
我不习惯和别人聊天					
领导、老师在场，我讲话特别紧张					
我不善于说服别人，尽管有时我觉得很有道理					
有人对我不友好时，我常常找不到恰当的对策					
我不知道怎样同嫉妒我的人相处					
我同别人的友谊发展，多数是别人采取主动态度					
我最怕在社交场合中碰到令人尴尬的事情					
我不善于赞美别人，感到很难把话说得自然、亲切					
别人话中带刺愚弄我，除了生气外，我别无他法					
我最怕接待工作，因为要同陌生人打交道					
参加聚会，我总是坐在熟人旁边					
我的朋友都是同我年龄相仿的					
我几乎没有异性朋友					
我不喜欢与地位比我高的人交往，我感到这种交往很拘束，很不自在					
我要好的朋友没几个					

结果说明

得分在30分以上，说明你的交往能力是很差的；

得分为1～29分，说明你的交往能力比较差；

得分为-20～0分，意味你的社会交往能力还可以；

得分在-20分以下，说明你交往能力强，善于交际。

7.3 分析场景，语言表达有别

沟通导航

①语言表达遵循原则；

②语言表达遵循方法；

③语言表达注意情境。

沟通案例

传说朱元璋做了皇帝后，他以前相交的一帮苦朋友有些照旧过着很穷的日子。有一天，其中一个朋友从乡下赶来求见旧友，朱元璋念及旧情，传他进去了。见面的时候，他说："我主万岁！当年微臣随驾扫荡庐州府，打破灌州城，汤元帅在逃，拿住豆将军，红孩儿当关，多亏菜将军。"朱元璋听他巧妙地把过去的事情讲出来，并且说得委婉、含蓄、好听，所以就立刻封他做了羽林军总管。而另一位苦朋友听见了，也想办法见到了朱元璋。见面后他就直通通地说"我主万岁！还记得吗？从前，你我都替人家看牛，有一天，我们在芦苇荡里，把偷来的豆子放在瓦罐里煮。还没等煮熟，大家就抢着吃，把罐子都打破了，撒下一地的豆子，汤都泼在了泥地里。你只顾从地下满把地抓豆子吃，却不小心连红草叶子也送进嘴去。叶子哽在喉咙口，苦得你哭笑不得。还是我出的主意，叫你用青菜叶子放在口中一把吞下去，才把红草叶子带下肚里去了……"朱元璋嫌他揭了自己的"老底"，等不及听完就连声大叫："推出去斩了！推出去斩了！"

分析：

两个人所讲的内容大体相同，但一个善于表达，一个不善于表达，结果得到的待遇截然相反，导致了他们各自的祸福悲欢。可见在社交沟通中，针对不同的场景进行表达是非常重要的。

■ 7.3.1　语言表达遵循原则

（1）适时原则

社交沟通进行语言交流时要注意切合不同的时间场合，也就是在什么场合说什么话。场合就是语言交流的社会环境、自然环境和具体场景，具体场景又涉及语言交流的时间、空间及周围环境。谈话双方对于话题的选择与理解，某个观念的形成与改变，谈话的心理反应以及交谈结果，无不与场合有直接联系。沟通双方必须顾及场合影响，并有意识地巧妙地利用场合效应。

> 刘大请马六吃饭，张三、李四、王五作陪。到时间，独马六未到。刘大说："唉，该来的还不来"，张三自忖："怕是说我不该来！"走了；刘大急道："不该走的又走了！"李四想："大约我是该走的。"又气走了。王五劝刘大："你说话要注意点！"刘大恼火地说："我又不是说他们。"王五说："该着是说我呀！"又摔手走了。刘大好心请客却得罪三人，不能仅认为他是话没说清楚，更重要的是他没意识到请客的场合中，陪客们的心理状况是被动的、受支配的，所以对主人的话很敏感，行为上也很自尊。可见在特定场合里，适当灵活地制约调控自己的言语，以适应交际场合的需要则是非常必要的。

（2）适量原则

社交沟通进行语言交流时要合理使用适量原则，即语言表达的信息量和音量。给予对方的信息要适量，不多也不少，恰到好处，这是语言艺术的一个关键，也是一个看起来简单、其实极其复杂的问题。注意控制声音大小适量，比如大庭广众之中说话音量宜大一点，私人拜访交谈音量宜适中，如果是密友、情人间交谈，小声则可以表现亲密无间、情意绵绵的特殊关系，给人一种亲切感。

（3）适度原则

社交沟通进行语言交流时要把握适度原则，即在语言交流中不仅交谈内容要得当，表现方式也要得体。得体适度，是社交语言的基本原则之一，也是社交活动成败的重要条件。在语言交流中，既要考虑自己，又要考虑交际对象等诸多因素，根据不同场合把握言谈的得体度，根据自己的身份把握言谈的分寸度。

（4）适人原则

社交沟通语言表达时应遵循适人的原则，即对交谈对象作了解、分析，因人而异巧攻心。对交谈对象首先要了解他的思想境界、性格特点，有针对性地选择表达的内容与形式；其次要了解分析交谈对象的知识水平、生活经历、职业特点，遵循言语交际的力量性；最后了解分析交谈对象特定的心理心境，适当变换说话方法和角度，便于对方接受。

> 一艘轮船在海上航行时出了故障，需要疏散一些人才有脱险希望，但乘客都不愿下到救生艇。于是聪明的船长对哲学家说："下海是检验真理的实践呀！"对诗人说："在海上乘小艇漂流多么浪漫！"对军人说："下救生艇是命令。"对传教士说："这是上帝在召唤。"结果四个人愉快地登上了救生艇。

■ 7.3.2　语言表达遵循方法

（1）赞扬法

在社交中恰当使用赞美，就能取得沟通交往的通行证。马克·吐温曾说"一句赞美的话能当我十天的粮。"每个人都有赞美别人的能力，只要我们在交流时主动说、常常说，就能把它变成好习惯。语言表达的赞扬法也要注意出自内心，赞扬的内容要具体，要实事求是的赞美，贵于自然，赞美对方于无形，适可而止，见好就收。

> 有两个人一起上山打猎，他们两同样打到一只兔子。猎人甲回家后，他的妻子看到他打了一只兔子回来，就冷冷地说："怎么只打一只兔子啊？"猎人甲很不高兴地回答："你自己去打打看。"相反的，猎人乙一回到家，他的妻子一看到他打了一只兔子回家，就兴高采烈地说："哇！好棒喔！你打了一只兔子回来了啊！"猎人乙很高兴地说："一只算什么，下次我打两只回来！"

（2）模糊法

所谓模糊语言，是指人们运用语言的若干模糊特征，准确地表达思想情感并进行交流的一种语言表达方式和技巧。这样的表达可以增强语言在交际中的适应性、灵活性和生动性，也有利于提高传情达意的准确性。大千世界中，许多事物的关系是错综复杂的，而且有些事物本身就是模糊不清的，不可能总是分毫不差、清楚明白地表达。说话时该准确时就要准确，该模糊时也应该模糊，这是语言表达的技巧，也是语言表达的基本要求。

许多年前，一位西方记者向周恩来总理提问道："请问，中国人民银行有多少资金？"这位记者提出这样的问题，有两种可能性，一个是嘲笑中国穷，实力差，国库空虚；一个是想刺探国家机密的经济情报，如果总理说出一个真实数字是泄露国家机密，如果随便编造一个数字有损国体，这分明是想让周总理出丑。正当众人面面相觑时，只见周总理马上回答："中国人民银行货币资金嘛，有18元8角8分。"全场愕然，鸦雀无声。周恩来以风趣的语调解释说："中国人民银行发行面额为十元、五元、二元、一元、五角、二角、一角、五分、二分、一分的10种主辅币人民币，合计为18元8角8分。中国人民银行是由全中国人民当家作主的金融机构，有全国人民作后盾，信用卓著，实力雄厚，它所发行的货币，是世界上最有信誉的货币之一，在国际上享有盛誉。"周恩来一语惊四座，大厅内顿时响起了听众的热烈掌声。总理善用模糊语言的敏捷才思不得不让人佩服。

（3）暗示法

暗示通常是通过语言的刺激来纠正或改变人的某种行为状态或情绪状态。暗示包括手势、表情、语言等肢体语言和非肢体语言，是语言表达中一种间接、含蓄的方式。例如，一个性格急躁的人在即将发火之际，暗示自己冷静一点；一个长期处于烦恼和压抑心境中的人，转而暗示自己想开一些，这些都是自我暗示。

美国前国务卿基辛格对周总理说："我发现你们中国人走路都喜欢弓着背，而我们美国人走路都挺着胸的，这是为什么啊？"这话不能说是出于善意，而是带有很强的挖苦色彩。总理笑着用调侃的口吻回答说："这个好理解，我们中国人在走上坡路，当然是弓着背的；而你们美国人在走下坡，当然是挺着胸的。"说完哈哈大笑。周总理暗示性的回答温文尔雅、彬彬有礼，但语气坚定、含意明确、回击得当。

■ 7.3.3 语言表达注意情境

了解社交沟通中的语言运用情况，掌握语言表达背后隐藏的文化和心理现象，可以帮助我们了解不同类型交际语言现象的使用场合、适用范围，指导我们日常的社交沟通。

（1）礼貌语

		具体内容	运用方法
招呼礼貌语	交谈型招呼礼貌语	由包含具体信息的问答组成	多用在互相熟悉的亲友之间
		表达的是说话人的友好和关心	随交际双方的社会身份、职业、交际场合不同而不同称呼
		具体内容富有民族、地方乃至行业特点	
	问候型招呼礼貌语	是礼貌语言发展的一种必然趋势	只表达问候而不包含任何具体的信息多出现
		是社会发展中人际关系复杂化、生活节奏加快的必然产物	运用在经济发达、不同社群交往频繁，而人际关系较为松散的开放型社会中格式较固定，容易学习，通用性强
告别礼貌语		是社交沟通过程结束的常用语	多用于一次聚会或访问的结束
		富有民族性和地方色彩	"请慢走""有空请来玩""别送了""请留步""代问你家里人好！"再见""拜拜"
请求、感谢和道歉词语		有礼貌地要求听话人干某件事，做某种动作	"请""谢谢""十分感谢""太麻烦您啦""不用谢""没关系""别客气"等
		由于自己的缘故给别人造成某种不快，甚至损失或伤害，需要向对方表示自己的歉意	"十分对不起""十分抱歉""真是过意不去"

（2）称呼语

社交沟通中经常要称呼对方，就要学会合理使用称呼语。称呼语是人们彼此间当面招呼所使用的名称。称呼语处在社交沟通的动态语境中，说话者的态度、情感、动机和受话者的年龄、性别、身份、地位以及语言表达的时间、地点、场合等，都会影响到称呼语的恰当选择与使用，并反映出不同的情感信息。

分　类	称　呼
亲属称呼语	爷爷、奶奶、爸爸、妈妈、哥哥、姐姐、弟弟、妹妹、伯伯、叔叔、姑妈、姨妈、舅舅
社会称呼语	大夫、总经理、校长、经理、教授、书记、主席、团长、同志、科长、博士、大爷、大妈、大哥、大姐、师傅、先生、小姐、小朋友
姓名称呼语	蒋华、龚强、秋秋、老王、小董

　　一次，英国维多利亚女王与丈夫吵了架，丈夫独自回到卧室，闭门不出。女王回到卧室时，只好敲门。

　　丈夫在里边问："谁？"

維多利亚傲然回答："女王！"

没想到里边既不开门，又无声息。她只好再次敲门。

里边又问："谁？"

"维多利亚。"女王回答。里边还是没有动静。女王只得再次敲门。

里边又问："谁？"

女王学乖了，柔声回答："你的妻子。"

这一次，门开了。

分析：

女王第一次"我是女王"这个称谓，表现的是她乃一国之君的身份，这个身份属于国家，属于臣民，她是权利和威严的象征，但不属于家庭，当然敲不开门。女王第二次回答"维多利亚"，这个称谓虽比"女王"柔和了些，适合的是维多利亚整个家族，没有体现出"一家一妇"的身份和夫妇的亲密关系，所以也没有敲开门。第三次回答"你的妻子"，称谓体现了她作为一个家庭成员的身份，没有丝毫的"行政干扰"，完全符合她回到家中的身份，所以她敲开了门，也敲开了丈夫的心扉。

（3）禁忌语

有一些语言在日常的社会交往中是不允许人们加以使用的，这一部分被禁止使用的词语就叫做禁忌语。人们在日常交际中如果使用了这些禁忌语，说出来就可能引起听话人的不快和反感，被人认为没有礼貌。

禁忌语大部分产生于科学技术不够发达的社会中，被当成自然的语言风俗来遵守；另外一类禁忌词语是对某些人、事物特别崇拜，认为直说他或它的名称是大不敬的行为，因此也必须用别的词语去代替；还有一类禁忌语是人类社会各个发展阶段上普遍存在的，那就是人体的某些部分、器官以及某些生理现象或功能的名称，语言的词汇系统中虽然包括这些词，但却不允许人们直接说出它们。

（4）委婉语

委婉语是人们在社会交往中为谋求交际的顺利进行创造的一种适当的语言表达形式。委婉语的产生和语言中的禁忌现象有密切的联系，为了替代被禁忌的词语，出现了另外一些暗示它们的委婉词语。委婉语，作为一种常用的语言，在维系社会关系和协调人际关系方面起着非常重要的作用。在使用的过程中，可以利用同义词语或近义词语来代替；也可以某些词语的特殊组合；或者利用不同的句式替换，利用语调或某些非语言成分。

在不同的场景，都能直接感性的表情达意，要认识和掌握语言的表达技巧后才能熟练运用，也是我们每一位渴望社交沟通成功的人所必须具备的技能。

> 世界上大多数的语言社会中，对于人的排泄器官和行为是不好直接说出来的，因而在各种语言中都产生了一批带有普遍性的委婉语。比如，在汉语中把"厕所"叫做"一号"，在英语中则叫做"盥洗室"；汉语中把大小便叫做"方便""上一号"，英语中则说成"洗洗手"。其实"大便""小便"本身已经是"拉屎""撒尿"的委婉语，可是这种委婉语用得久了，就感到它的意义还是太明显，于是又换成"上一号"。还有不少民族忌讳直接说到死亡这个词，特别是当死亡与听话人有关时，更是要用其他委婉的说法去代替它。所以在汉语中对跛子讲客气，要说"你腿不方便，请先走！"对聋子表示照顾，就讲"你耳背，请往前坐！"对长得胖的人要说"富态"，对长得瘦的人应说"精干"，对老年人的死亡可以说成"老了""归天""百年之后"，对年轻人的死亡则说成"不在了""去世"等。

沟通测试

目的：了解你在社交沟通中的语言表达能力。

每题均有两个测试结果："是""否"。答一个"是"得1分。

语言表达能力自测表

情　境	是	否
我在表达自己的情感时，很难选择准确、恰当的词汇		
别人难以准确地理解我口语和非口语所要表达的意思		
我不善于与和我观念不同的人交流感情		
我对连续不断的交谈感到困难		
我无法自如地用口语表达我的情感		
我时常避免表达自己的感受		
在给一位不太熟悉的人打电话时我会感到紧张		
向别人打听事情对我而言是困难的事		
我不习惯和别人聊天		
我觉得同陌生人说话有些困难		
同老师或是上司谈话时，我感到紧张		
我在演说时思维变得混乱和不连贯		
我无法很好地识别人的情感		
我不喜欢在大庭广众面前讲话		
我的文字表达能力远比口头表达能力强		
我无法在一位内向的朋友面前轻松自如地谈论自己的情况		
我不善于说服人，尽管有时我觉得很有道理		
我不能自如地用非口语(眼神、手势、表情等)表达感情		
我不善于赞美别人，感到很难把话说得自然亲切		
在与一位迷人的异性交谈时我会感到紧张		

语言表达能力测试结果：

得分在14分以上表示语言表达能力较弱，9~14（含）分表示一般，5~8（含）分表示较好，5分以下表示语言表达能力非常好。

7.4 电话联系情感

沟通导航

①电话沟通准备；
②电话沟通技巧；
③电话沟通程序。

沟通案例

纽约电话公司曾经针对电话通话内容做过一项调查。他们录下500通电话录音后发现，"我"字在人们的日常生活中使用频率最高。这说明一个问题，在我们的生活中，无论你从事什么工作，无论你的现状怎样，在潜意识中，"我"总是最重要。

某公司有一个业务经理，和客户联系了很长一段时间。但由于种种原因，对方一直没有将手里的项目交给他。但这位业务经理并没有放弃，他依旧时时刻刻关注客户。有一次东南亚大海啸，他的这位客户刚好出差在那里。这位经理立即打电话给客户，询问他的安全状况，客户非常感动，回到公司后，立即给业务经理打电话，主动把一年的培训计划交给了他。

后来，他们还成了非常要好的朋友。

分析：

我们平常的沟通活动应时刻关注别人，虽然"我"在每个人心目中都非常重要，但只要我们时刻关注电话沟通的客户，围绕客户身边的事展开对话，客户也会接受你，并在恰当的时候回报你。

香港电信有很多负责客户服务的技术人员，在电话中处理客户的投诉。然而这些一线的技术员在解决客户问题时，往往表现出不耐烦，甚至很不礼貌的现象，导致问题不能圆满解决反而升级。为了解决这个问题，香港电信组织大家旅游散心、培训客户服务技巧、制定严格的考核标准等，花了不少钱，浪费了不少时间，最终效果还是不理想。最后，有一个员工想了一个很简单的办法，就是给每个技术人员配了一面镜子，并要求技术人员在给客户解决问题时要面对镜子开心的笑，同时保证笑声能够让对方听得见。

准备一面小小的镜子，仅仅一个小小的策略，一下子就改观了电话沟通时的尴尬局面。这样做既能解决了客户的问题，另一方面还将快乐传递给了客户。

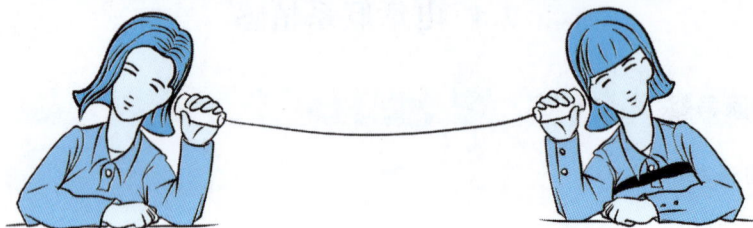

沟通知识

■ 7.4.1 电话沟通准备

电话沟通时，由于是"远距离沟通"具有不可见的特性，电话沟通者的准备工作比面对面沟通者的准备工作更加重要。要给电话那端的人留下良好印象，要把生意做成，得讲究方式方法，虽然打电话时无法面对面接触顾客，无法观察了解顾客心理，但可以节省时间加强沟通，同时也是沟通中必不可少的重要环节。

某晚，有个电话推销员在睡梦中突然醒来，因为他想到还有一业务电话未打，于是他马上起身穿好衬衣，打好领带才抓起电话去打，他老婆觉得甚是奇怪，就问他："老公，你打个电话还穿得那么整齐干嘛，你要出去啊？"她老公回答："我穿好衣服打电话，表示我对顾客的尊重，虽然顾客看不到，但我想顾客能感觉到我对他的尊重。所以，我一定要穿衣服打这个电话。"

打电话在人际沟通中相当重要，只有重视电话沟通前的每一个细微的准备工作，才能获得成功的沟通。

"好的开始是成功的一半"，俗话说不打无准备之仗，可见准备工作非常重要。

（1）外部准备

外部准备	具体准备内容
准备环境	安静整洁的环境可以创造出平和的心态，环境的准备必不可少

外部准备	具体准备内容
准备镜子	使用镜子不仅可以端正仪容,在镜子前练习微笑,还可以增强信心、增强感染力!看着镜中微笑的表情,排除不良情绪让每一个电话都是新的开始,笑一笑面对下一个客户挑战吧
准备记事本和铅笔	在电话机旁放置好记录本、铅笔,当他人打来电话时,就可立刻记录主要事项。如不预先备妥纸笔,到时候措手不及、东抓西找,不仅耽误时间,而且会搞得自己狼狈不堪
准备钟表	电话沟通中的每一分钟都是很宝贵的,要随时注意自己的通话时间,每通电话以1~3分钟为宜
准备资料	电话沟通时可能要介绍或借鉴的资料,包括推销宣传的内容、公司的活动范围内容、企业的文化等

（2）自我准备

自我准备,也就是训练自己在电话沟通中的内在魅力,简单来说就是"在电话沟通过程中,个人所表现出来的强烈吸引对方的个人魅力。"电话沟通是否成功,自己一定要做好心理、行为上的各种准备。这不仅仅需要一些技巧,更需要电话沟通人员具有内在的魅力,才可以长久地征服并赢得整个客户的心。

> 即使是人们用心去记住的事,经过9小时,遗忘率也会高达70%,日常琐事遗忘得更快。试回忆前4天晚饭的内容,大概不少人想不起吧!所以与重要的客户进行电话沟通时,不要完全依靠记忆,重要事项可采取准备资料和及时记录予以弥补。

自我准备	准备项目	具体内容
准备要耐心	积极助人	主动沟通,避免一问一答
	耐心周到	沉着应答,避免三问一答
	责任承担	不推诿责任、挽留维系
	自信自立	贴心、用心、专心
	关注客户	服务亲情化、真诚祝福
准备讲礼貌	流程全面	来有迎声、问有答声、走有送声
	用语规范	礼貌用语、应答规范、无禁语
	语音亲切	表达自然、语音适中、音调富于变化
	语气诚恳	注意语气变化,态度真诚
	语速恰当	语速适中可稍慢、灵活变化
准备有素质	幽默风趣	处理电话沟通中的紧张情绪
	尊重对方	不能吃东西、喝饮料或听音乐
	保持冷静	无论客户态度怎样,始终控制好情绪
	学会赞美	从对方的声音、经验能力、为人处世等不同角度进行赞美

语言沟通篇 Chapter 7

续表

自我准备	准备项目	具体内容
准备好能力	普通话能力	字音标准咬字音清晰、吐字力度适中、口语化
	倾听能力	带着问题倾听、倾听客户真实的需要
	提问能力	问题数量要少、短、精 给予对方时间作回应、把握时机
	表达能力	简单明了、思维敏捷
	心理承受能力	对每一通电话都抱着认真、负责的态度 正确处理电话沟通时出现的各种障碍

■ 7.4.2 电话沟通技巧

（1）"第一声"印象

如果第一声优美动听，会令打或接电话的对方感到身心愉快，对其所在单位也会有好印象，从而放心地讲话，故电话中的第一声印象十分重要，切莫忽视。接电话时，第一声应说："您好，这是××公司。"打电话时则首先要说："您好，我是××公司的×××。"双方都应将第一声的声调、措词调整到最佳状态。

（2）微笑保持好心情

电话沟通对微笑的要求更高，由于对方不能从电话中看见笑容，微笑只能通过亲切的话语传达给客户。微笑在电话沟通中是一种非常有力的武器。你的通话要充满笑意，比面对面沟通更多的笑意。当然这个技巧得通过训练，在每一通电话沟通过程中持之以恒的坚持。

（3）声音明快姿态端正

打电话时，即使看不见对方，也要当做对方就在眼前，尽可能注意自己的姿势。声音要温雅有礼，以恳切之话语表达，要有一种特殊的适合于打电话的节奏与速度；音量也要加以调整，太轻太重都使对方听起来不清晰。口与话筒间，应保持适当距离，嘴要正对着话筒，咬字要清楚，一个字、一个字地说。数目、时间、日期、地点等，要特别注意，最好能重复一遍，并且确知对方已经完全听清楚了。

读一读！想一想？在不正确的沟通行为前画"？"

□ 坐在椅子的后半部	□ 言辞清晰准确	□ 轻声低语
□ 必要时紧追不舍	□ 直接对着话筒交谈	□ 先挂断电话
□ 用商量的口气交谈	□ 对遭到拒绝有所准备	□ 向镜中微笑
□ 声音疲惫无力	□ 向听者致谢	□ 漫谈聊天
□ 考虑顾客性格特征	□ 保持积极语调	□ 谈吐自信
□ 将电话夹在下巴下	□ 打电话时嚼口香糖	□ 倾听时记笔记

（4）迅速准确地接听

听到电话铃声，应准确迅速地拿起听筒，接听电话，以长途电话为优先，最好在三声之内接听。即便电话离自己很远，听到电话铃声后，附近没有其他人，也应该用最快的速度拿起听筒。如果工作繁忙未能及时接电话，也最好在电话铃响五声之内拿起话筒，而且应该先向对方道歉。如果确实没时间接听可以拿起听筒请他稍等或告诉他稍后打来。

（5）精心准备通话内容

电话被称为"无形造访的不速之客"。在很多情况下，它都有可能"出其不意"地打搅别人的正常工作或生活。因此务必要明确"通话三分钟原则"，即除非万不得已，每次打电话的时间不应超过三分钟。一定要"去粗取精"，条理清晰地准备好通话内容，直截了当地进行沟通。对方忙可以约时间过一会再打，与不熟悉的单位或个人电话沟通前应将对方的名字与电话号码弄清楚。

（6）耐心倾听认真记录

对对方提出的问题应耐心倾听，让他能适度地畅所欲言，期间可以通过提问来探究对方的需求与问题。倾听时牢记5W1H技巧，所谓 5W1H 是指①When何时，②Who何人，③Where何地，④What何事，⑤Why为什么，⑥How如何进行。为了防止听错电话内容，一定要当场复述，特别是同音不同义的词语及日期、时间、电话号码等数字内容，务必养成听后立刻复述，予以确认的良好习惯。确认后认真记录，电话记录既要简洁又要完备。

乔向一位客户销售汽车，交易过程十分顺利。当客户正要掏钱付款的时候，另一位销售人员跟乔谈起了昨天热播的篮球赛，乔一边跟同伴津津有味地说笑，一边伸手去接车款，不料客户却突然掉头而走，连车也不买了。乔苦思冥想了一天，始终不明白客户为什么对自己挑选好的汽车突然放弃了。夜里11点，他终于忍不住给客户打电话询问原因，客户不高兴地在电话中告诉他："下午付款时，我同您谈到我的小儿子，他刚考上密西根大学，是我们家的骄傲，可是您一点也没有听见，只顾跟您同伴谈篮球赛。"乔明白了，此生意失败的根本原因是因为自己没有认真倾听客户谈论自己最得意的儿子。

（7）挂电话前的礼貌

要结束电话交谈时，一般应当由打电话的一方提出，然后彼此客气地道别，应有明确的结束语，说一声"谢谢""再见"，再轻轻挂上电话，不可只管自己讲完就挂断电话。如果对方是领导或顾客，应让对方先放电话。待对方说完"再见！"后，等待2～3秒钟才轻轻挂断电话。无论前面的通话技巧多么完美得体，如果最后毛毛躁躁"咔嚓"一声挂断电话，则会功亏一篑，令对方很不愉快。

■ 7.4.3 电话沟通程序

（1）接电话的基本程序

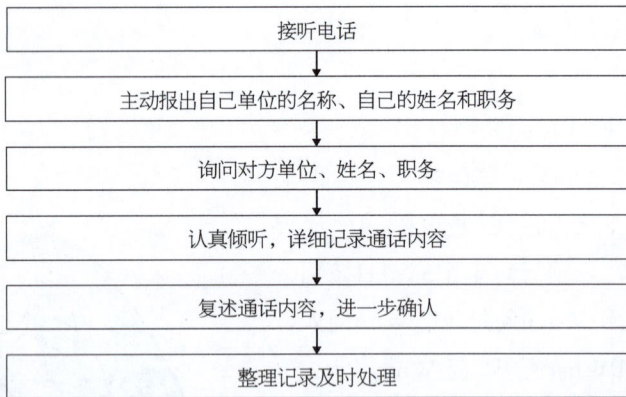

```
┌─────────────────────────────────────┐
│            接听电话                    │
└─────────────────────────────────────┘
                 ↓
┌─────────────────────────────────────┐
│   主动报出自己单位的名称、自己的姓名和职务   │
└─────────────────────────────────────┘
                 ↓
┌─────────────────────────────────────┐
│        询问对方单位、姓名、职务          │
└─────────────────────────────────────┘
                 ↓
┌─────────────────────────────────────┐
│      认真倾听，详细记录通话内容          │
└─────────────────────────────────────┘
                 ↓
┌─────────────────────────────────────┐
│      复述通话内容，进一步确认           │
└─────────────────────────────────────┘
                 ↓
┌─────────────────────────────────────┐
│        整理记录及时处理               │
└─────────────────────────────────────┘
```

几十位优秀大学生在毕业之际参加了国外某大型汽车公司举行的招聘会。招聘主管在现场的一张桌子上放了一部电话，示意每一位刚进来的应聘者去接电话。很多大学生都是用右手把电话拿起来，至于讲话的程序和内容都无可挑剔，但就是这个细节，让他们一个一个被淘汰了。

左手接电话虽然事情非常小，但它能反映出一个人是否会正确接听电话，必须用左手接电话，右手才能拿笔记录电话里的内容。电话沟通中一个小小的细节，就决定了应聘的成败，可见生活的工作中离不开电话沟通知识。

（2）打电话的基本程序

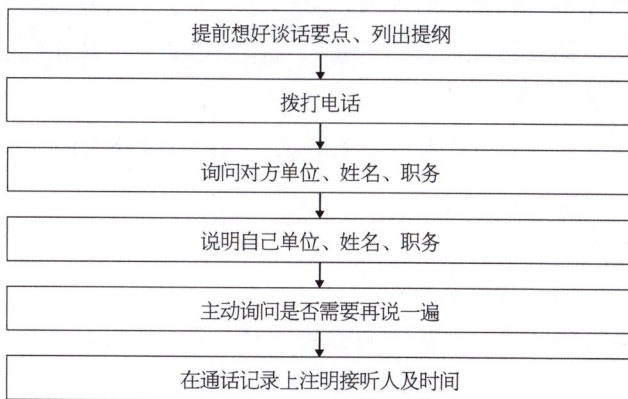

提前想好谈话要点、列出提纲
拨打电话
询问对方单位、姓名、职务
说明自己单位、姓名、职务
主动询问是否需要再说一遍
在通话记录上注明接听人及时间

（3）代接电话的基本程序

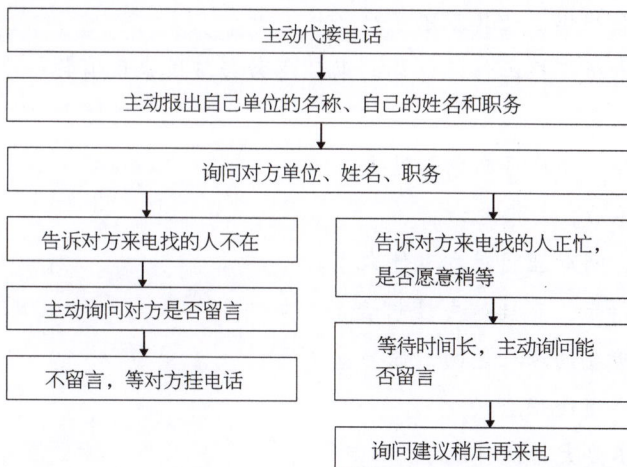

主动代接电话
主动报出自己单位的名称、自己的姓名和职务
询问对方单位、姓名、职务

告诉对方来电找的人不在	告诉对方来电找的人正忙，是否愿意稍等
主动询问对方是否留言	等待时间长，主动询问能否留言
不留言，等对方挂电话	
	询问建议稍后再来电

　　每一通电话都要为客户创造价值，否则就不要打电话给你的客户。电话沟通传递的不仅仅是语言信息，更重要的是传递一种态度、一种情绪。

▰▰ 💬 沟通测试

目的：了解你语言方面的人际沟通能力。

下面是一组沟通能力的小测试，请选择一项适合你的情形。

测试题：

①在说明自己的重要观点时，别人却不想听你说，你会：（　　）。

A.马上气愤的走开。

B.于是你也就不说完了，但你可能会很生气。

C.等等看还有没有说的机会。

D.仔细分析对方不听和自己的原因，找机会换一个方式去说。

②去参加老同学的婚礼回来，你很高兴，而你的朋友对婚礼的情况很感兴趣，这时你会告诉她（他）：（　）。

A.详细述说从你进门到离开时所看到和感觉到的以及相关细节。

B.说些自己认为重要的。

C.朋友问什么就答什么。

D.感觉很累了，没什么好说的。

③你正在主持一个重要的会议，而你的一个下属却在玩弄他的手机并干扰了会议现场，这时你会：（　）。

A.幽默地劝告下属不要玩手机。

B.严厉地叫下属不要玩手机。

C.装着没看见，任其发展。

D.给那位下属难堪，让其下不了台。

④你正在跟老板汇报工作时，你的助理急匆匆跑过来说有你一个重要客户的长途电话，这时你会：（　）。

A.说你在开会，稍后再回电话过去。

B.向老板请示后，去接电话。

C.说你不在，叫助理问对方有什么事。

D.不向老板请示，直接跑去接电话。

⑤去与一个重要的客人见面，你会：（　）。

A.像平时一样随便穿着。

B.只要穿得不要太糟就可以了。

C.换一件自己认为很合适的衣服。

D.精心打扮一下。

⑥你的一位下属已经连续两天下午请了事假，第三天上午快下班的时候，他又拿着请假条过来说下午要请事假，这时你会：（　）。

A.详细询问对方因何要请假，视原因而定。

B.告诉他今天下午有一个重要的会议，不能请假。

C.你很生气，什么都没说就批准了他的请假。

D.你很生气，不理会他，不批假。

⑦你刚应聘到一家公司就任部门经理，上班不久，你了解到本来公司中就有几个同事想就任你的职位，老板不同意，才招了你。对这几位同事你会：（　）。

A.主动认识他们，了解他们的长处，争取成为朋友。

B.不理会这个问题，努力做好自己的工作。

C.暗中打听他们，了解他们是否具有与你进行竞争的实力。

D.暗中打听他们，并找机会为难他们。

⑧与不同身份的人讲话，你会：（　）。

A.对身份低的人，你总是漫不经心地说。

B.对身份高的人说话，你总是有点紧张。

C.在不同的场合，你会用不同的态度与之讲话。

D.不管是什么场合，你都是一样的态度与之讲话。

⑨你在听别人讲话时，你总是会：（　）。

A.对别人的讲话表示兴趣，记住所讲的要点。

B.请对方说出问题的重点。

C.对方老是讲些没必要的话时，你会立即打断他。

D.对方不知所云时，你就很烦躁，就去想或做别的事。

⑩在与人沟通前，你认为比较重要的是，应该了解对方的：（　）。

A.经济状况、社会地位。

B.个人修养、能力水平。

C.个人习惯、家庭背景。

D.价值观念、心理特征。

评分方法：

题号为1、5、8、10者，选A得1分、B得2分、C得3分、D得4分；其余题号选A得4分、B得3分、C得2分、D得1分；将10道测验题的得分加起来，就是你的总分。

结果分析：

如果你的总分为10~20分，因为你经常不能很好地表达自己的思想和情感，所以你也经常不被别人所了解；许多事情本来是可以很好解决的，正是你采取了不适合的方式，所以有时把事情弄得越来越糟；但是，只要你学会控制好自己的情绪、改掉一些不良的习惯，你随时可能获得他人理解和支持。

如果你的总分为21~30分，你懂得一定的社交礼仪，尊重他人；你能通过控制自己的情绪来表达自己，并能实现一定的沟通效果。但是，你缺乏高超的沟通技巧和积极的主动性，许多事件只要你继续努力一点，你就可大功告成的。

如果你的总分为31~40分，你很稳重，是控制自己情绪的高手，所以，他人一般不会轻易知道你的底细。你能不动声色的表达自己，有很高的沟通技巧和人际交往能力，只要你能明确意识到自己性格的不足，并努力优化之，定能取得更好的成绩。

求职是联系求学与工作这两个重要人生经历的桥梁，这座桥梁是否畅通、是否坚固，将直接影响你的未来！要想得到一份满意的工作并在工作中有所发展，就必须让领导相信你是有用的人！所以自己首先要自信，坚信"天生我材必有用"，在求职沟通时充分展示你的自信与魅力！

8.1 求职面试前的准备

沟通导航

①资料准备；

②形象准备；

③心理准备。

沟通案例

某人在屋檐下躲雨，看见观音正撑伞走过。这人说："观音菩萨，普度一下众生吧，带我一段如何？"观音说："我在雨里，你在檐下，而檐下无雨，你不需要我度。"这人立刻跳出檐下，站在雨中："现在我也在雨中了，该度我了吧？"观音说："你在雨中，我也在雨中，我不被淋，因为有伞；你被雨淋，因为无伞。所以不是我度自己，而是伞度我。你要想度，不必找我，请自找伞去！"说完便走了。第二天，这人遇到了难事，便去寺庙里求观音。走进庙里，才发现观音的像前也有一个人在拜，那个人长得和观音一模一样，丝毫不差。这人问："你是观音吗？"那人答道："我正是观音。"这人又问："那你为何还拜自己？"观音笑道："我也遇到了难事，但我知道，求人不如求己。"

这则故事告诉了我们什么？"凡事预则立，不预则废"，让我们共同努力为就业做好准备。

8.1.1　资料准备

面试是体现求职者综合素质的第一个环节，凡事预则立，不预则废，因此在你去面试之前，准备工作尤为重要。

（1）简历

简历是求职面试的脸面和敲门砖，一份好的简历可以赢得面试的先机，要让面试者尽量通过简历把工作给你。如何去制作一份"好"的简历？虽然有很多模板可以选用，每个人的设计思想也不一样，但制作简历最重要的是既要注意常规内容又要突出个性。

> 小王应聘一家房地产公司的售楼策划，他把自己的简历做成了一份售楼书，这位应聘者的创新思维让公司领导耳目一新，也让公司领导通过这份简历看到了小王的创新能力，所以他顺利地得到了这份工作。

简历制作要求		
常规要素，缺一不可	条理清晰，重点突出	有针对性
本人基本情况	尽量按常规的格式排版	写出自己对应聘单位或岗位的独到见解
姓名		
性别	担任过的职务	
联系方式		
教育背景	工作经历	表明对用人单位的重视和热爱
工作经历	突出工作能力	
自己的特长爱好及成就	突出个性提点	

（注：左侧纵向合并单元格标题为"包含要素"）

（2）预先了解所选单位和岗位的相关信息

> 某人在收到了一家公司的面试通知后，精心准备好了自己的相关资料和衣装打扮，第二天面试时，前面还算顺利，但是当面试者后来问道，你知道我们公司的业务范围吗？他却哑口无言，这样的结果肯定让面试者不满意，最后他没能应聘成功。

面试是一个双向选择，应聘者被选择的同时，对用人单位也应进行必要的了解，从而帮助我们选择一个适合自己的用人单位。而且要想提高面试的成功率，也必须在应聘面试之前充分了解即将应聘单位和岗位的信息，这样才能更好地回答面试者提出的问题。

①企业文化。现在越来越多的单位相当重视企业文化的发展，这也是单位发展的原动

力。首先，面试者对该单位企业文化的熟悉，可以得到面试者得好感，其次，面试者对该单位企业文化的了解也可以帮助自己看到自己的个性特征是否适合在该单位发展。

②用人单位的规模及性质。规模直接体现单位的实力，单位在行业中处于主导地位、中游还是下游，将指导面试者是否参加面试，单位性质属于国营、私营还是合资也是面试者需要了解的。

③单位业务范围。在面试前对单位的业务范围的了解将体现你对单位的热爱和尊重，不管你应聘的是该单位的何种职务，对单位的业务范围都应该了解，避免在以后的工作中出错，也可作为面试时的素材。

（3）其他资料

照片身份证及相关证书的原件和复印件都要准备好，这样会让自己更从容一点。一定要多带几份简历去，万一面试者是几个人，总不能让他们传阅你的简历吧，所以多带一点毕竟会保险些。

■ 8.1.2　形象准备

一优秀女大学生是一个平时很时尚的人，时常穿得都很前卫，有一次，她到一国有大企业去应聘文秘一职，面试那天她也一如既往地穿得很前卫，结果她未能应聘成功，不是因为她的能力不行，确实因为她当天的穿着不符合应聘单位的文化氛围。

个人形象就像商品一样，不光要有内在品质，还要有外在包装。面试时的形象包装表达的是面试者的内在素质，通过衣着打扮将内在能力与素质充分展现出来，让面试官有所认识，才能获得肯定与认同。

（1）发式

男性的头发应干净整洁，切忌太长，最好不要染发。女性的头发不要有太多的头饰，在面试这样的场合，大方自然才是真，发型也不要太夸张，一定要与自己的脸型搭配。

（2）服装

服饰的最高境界是自然协调，如果衣着与自己的个性、品味不协调，就很难与面试的气氛相一致，要学会选择与面试相匹配的服装。当然，选择服装还应考虑职位要求。比如应聘银行、政府部门的文秘人员，穿着偏向传统正规；应聘公关、时尚杂志编辑等，则可以适当地在服装上加些流行元素，显示出自己对时尚信息的捕捉能力。

（3）化妆

面试前，脸部的妆容一定要淡而自然，因为情绪的表达需要脸部来体现。在面试时，不要化浓妆，因为它会遮盖你本来的面目，使你的脸部不自然，并会破坏你脸上的表情，不要让面试官透过你的浓妆再来捕捉你的表情。面试前的妆容一定要让自己看上去健康、精神焕发。

■ 8.1.3 心理准备

小雅性格内向，每次面试时都不晓得手脚往哪放，严重缺乏自信心，导致手足无措，答非所问。面试结果自然是一塌糊涂，久而久之，更加重了她的自卑心理，后来，在心理专家的辅导下，她找到了自己面试不成功的原因，慢慢调整了自己的心态后，终于找到了一份满意的工作。

许多面试者在面试前雄心勃勃，可真正面试时却难免紧张，造成紧张的原因是与其心理素质欠佳有关。在面试之前，我们应该看到自己潜在的实力，具备过硬的心理素质，满怀信心地去面试。

（1）自信

自信对于每一个求职者都是必备的，那么面试前如何做到尽可能的自信呢？

自信的具体做法	好 处	
改变自身形象，适当提升面试服装的档次	得体的衣着打扮可以体现内在素质和修养	漂亮的仪表得到别人夸奖的同时自信心就会油然而生
熟悉自己准备的相关面试资料	能增强面试信心	避免应聘时答非所问，手忙脚乱
拥有双向选择的心态	心理上占上风	不卑不亢，以沉着、稳健的气势面对主考官
具备输得起的心态	理直气壮地介绍自己，和面试官沟通，淡定从容的对待面试	遇到比自己强的竞争者，也不会自惭形秽

（2）责任感

责任感和责任有不同的地方，责任是对工作的承担，而责任感是对单位对工作的一种态度，在还没有被用人单位录取时，求职者只能通过自己的言谈举止来体现对用人单位的尊重和真诚，进而充分体现自己的责任感。

①态度真诚。面试者在面对考官时，千万不要不懂装懂，真诚分析自己的一切，让对方感受到你的真诚。

②关心工作。在面试时，不要老是从自己的利益出发，在面对考官的提问时，应从单位的利益看问题，这样才能体现你的责任心。

在面试时，看见主考官是一张扑克脸，会给求职面试带来郁闷、压抑的气压，从而不利于求职者正常发挥。反之对于求职者来说，带着阴沉情绪去面试会让别人对你敬而远之，所以保持健康的心态，淡定、从容的应付面试，对于求职面试是至关重要的。

沟通测试

请在下列选项中选择与你在求职时发生过的情形最相近的答案，或假如你遇到相应情形时可能发生的情况来选择。可要认真地做啊，要对自己负责，找出自己的不足并及时改善。

每题选择一个答案：不是1分，基本不是2分，不确定3分，基本是4分，是5分。

①你愿意和不认识的人沟通，以获取更多自己所感兴趣职业的相关信息。

②即便某个老板并不缺人，你也会主动向他打听，是否有其他公司需要雇人。

③除非你知道该公司缺人，否则你不会毛遂自荐。

④你不愿意直接向用人单位应征工作，而宁可通过中介公司介绍。

⑤知道有某个职位空缺时，通常不会主动去打听有关的详情，除非有认识的人。

⑥面试前，你会与该公司的职员联系，或调查用人单位的一些情况，以获得更多有关公司状况的信息。

⑦你相信有经验的职业咨询人员，认为通过他们会更清楚自己适合什么样的工作。

⑧如果秘书告诉你老板太忙暂时无法和你面谈，你会放弃与该雇主继续联络。

⑨你认为自己符合条件，而人事部门却拒绝给你面试机会时，你会直接与老板联络。

⑩当面试官请你陈述自己的工作经验时，你只会陈述曾经实际支付过薪水的工作。

⑪你会刻意忽视自己的资历条件，这样雇主才不会认为你以高就低。

⑫面试时，你很少主动提问题。

⑬你尽量避免用电话与雇主联系，因为你担心他们可能太忙，没时间和你谈。

⑭你认为得到一个理想的工作，需要很好的运气。

⑮你宁可直接与将来的顶头上司联络，而不是只与公司的人事部接洽。

⑯你不太愿意请教授或上司帮你写推荐信。

⑰除非自己的资格条件符合应聘资格，否则你不会去应聘这个工作。

⑱如果第一次面试表现不太理想，你会要求安排第二次面谈。

⑲即使你没有被录用，你也会打电话给该雇主询问自己该如何改进，以便将来能获得同样性质的工作。

⑳向朋友询问招聘信息会使你感到不自在。

㉑在决定要从事什么职业之前，你会先看看还有哪些工作机会。

㉒面试官对你说"有职位空缺时，我会与您联络的"时，你认为其实根本就没有机会了。

㉓你清楚所应聘的职位能给你带来什么，并且知道在这里所能积累的东西对下一步职业发展会有帮助。

㉔在找工作迟迟没什么结果时或就业市场不景气时，你希望抓住任何所能找到的工作。

答案解析：

91分及以上。恭喜你！你是个很有信心，目标感很强的人，你懂得利用任何有用的资源为自己服务，有时甚至看来不可能的事而你却常常能办到。在求职技巧方面已经很好了。即使暂时求职不顺，那也是技巧之外的原因。

90~61分。你的求职能力一般。常常会有一些本来很合适自己的工作却总是失之交臂。赶快对应以上题中各个方面找出主要的原因所在，有针对性的改进。

60分及以下。你的求职能力很差，信心不足，职业状况也不会很好。反省与提升是你必须做的两件事。清晰自己的职业定位，明确自己的职业目标，并培训提升自己的求职技巧。

8.2 求职面试语言技巧

沟通导航

①目的明确用语有术；
②智慧思考应对有方；
③掌握禁忌避开陷阱。

沟通案例

憨豆在成名前，到英国一家闻名的马戏团应聘当滑稽演员。考官出的面试题目是让当场者捧腹大笑。憨豆又讲笑话又演哑剧，可考官没有一人露出一丝笑意。

憨豆急了，亮出绝招，转身打开面试房间的门，对着外面其他等候面试的应聘者们大叫："喂，你们都可以回家吃饭了！他们已决定录用我了！"这时，已经憋了很久的考官们一下大笑了起来。憨豆终于找到了一份可以发挥自己特长的工作，最终成为世界闻名的滑稽大师。

这则故事告诉了我们什么？

求职中的语言是一种公共关系语言。求职者急中生智运用语言艺术，展示了求职者的语言魅力，给面试官留下深刻的印象，给求职打开了方便之门。

沟通知识

8.2.1 用语有术

求职目的一般应为简短的几句话，说明你为什么想要这份工作以及能在此岗位上做出什么贡献。在表达自己求职目的时，应准确、简洁、谦虚，让面试官了解、相信并最终能录用你。记住必须突出自我优势，以自己的特长、优势、技能等吸引面试官。

（1）语言准确

表达求职目的时，要用准确的语言。比如大多数的企业会关心就职时间，你要告诉面试官如果被录用的话，将严格按公司要求的时间上班。但如果还有一些私人的问题还没有处理完毕，按时上班会有些困难，不能用"大概"或"说不清楚"这样的言语，应说明原因，并告知一个相对准确的时间，以此来体现你工作的准确度。

> 小刘和小张同时应聘某职位。小刘对应聘成功很有信心，一再表示自己非常适合这个岗位，对公司情况和应聘岗位都非常清楚，并不断询问相关情况，"是不是经常加班""提供什么样的福利待遇""上下班是不是有交通车"等。而小张的求职目的不太明确，她只表示愿意听从安排，还谦虚地问："您看我适合干什么？"主考官最终录用了小刘。

（2）用语简洁

求职面试语言应尽量简洁，不要耽误面试官时间，不要说了很多，面试官还不懂你的意思，仍然不知道你想说明什么问题，浪费彼此的时间和精力。所以在面试前要理清自己的思路，说话要有逻辑性。

（3）言谈谦虚

面试官都不希望求职者是一个嚣张的家伙。求职面试时最实用的观点是：能得到自己喜欢的职位才是真的。面试需要保持低姿态，因为面试官们都非常老到，他们明白，只有虚怀若谷的人，才能更好地去接受新的工作。

> 一大学生求职面试时回答提问"说说你的优点"，该大学生采用了天花乱坠的回答方法，他非常熟练自信地回答道"我团结同学、尊重老师、热爱生活、兴趣多样，积极主动……"表面上看起来他非常优秀，具备了中华五千年传统文化的许多优点，不过最终没被录用。优点不是越多越好，而是要谦虚、独特和真实。一个什么优点都有的人等于没有优点。

■ 8.2.2　智慧思考应对有方

面试者在面试时需要回答面试官的各种问题，这就要求面试者认真思考每一个问题，并能幽默、委婉、突出个性的作出应答。

（1）幽默

幽默是增进感情和化解矛盾的好方法，求职面试时幽默的谈吐会使面试轻松自如，气氛融洽，富有情趣，容易给人留下好感。这就要求求职者要有丰富的生活阅历和较强的语言表达能力。

> 朱先生到某一家大型合资企业求聘总务主管一职，面试时，主考官对朱先生的条件颇为满意，但还有一个要求，总务主管必须懂粤语。而朱先生从小到大一直居住在上海，对粤语一窍不通，主考官提出语言交流不便时，朱先生幽默调侃道："我们都是中国人，在中国的土地上，中国人还有听不懂中国话的吗？再说中国正在大力推广普通话呢。"结果，朱先生如愿以偿，面试成功。

（2）委婉

在招聘面试中，有一些敏感问题不能直截了当地说出，需要运用委婉的方法。"委婉"这种语言表达方式，是一种处理问题的态度和方法。恰当地运用委婉，既表达了面试者的立场、态度和目的，又增强了求职语言的形象性和生动性，有助求职成功。

（3）突出个性

在面试时，如能恰当的用语言和行为来突出自己的个性，就能够给面试官留下深刻的印象，获得用人单位的认可。具备创新精神的语言和行为能力，能够帮助我们在求职竞争中胜出。

一家广告公司为了扩大业务进行招聘,参加面试的人很多。有位年轻人排在应聘队伍的第37位。面对众多的竞争者,他想出了一条对策,他轻轻走到主考官身旁说道:"先生,我排在队伍的第37位,在我没有面试之前,请您最好不要做出决定,谢谢!"这位年轻人别具一格的竞职方式,让主考官在众多的应聘者中发现了他,广告公司就是要用这种善动脑筋且富有创意的人。

■ 8.2.3 掌握禁忌避开陷阱

叶先生去一家知名公司应聘营销企划工作。虽然投简历的有数百人,最后他还是进入了面试的30人行列。虽然处在高手云集的环境当中,但这么一路过五关斩六将,他自我感觉非常良好,对这份工作也是志在必得。他走进面试的会议室,发现里面站满了人,而且看上去都很自信,觉得要脱颖而出必须表现得更积极。所以在回答问题的时候,总是抢在别人前面,比别人多说两句。整个面试下来,有2/3的问题都是他回答的,而且越说越顺根本忘了要收敛,看得出来另外两个组员不太高兴,但是他想面试本来就是表现自己的机会,就没在意。结果一个星期后收到通知,被客气地告知不需要参加复试了。因为公司觉得他不注重团体合作精神,太急于表现自己,不是他们需要的人才。

	禁　忌	避开陷阱的方法
陷阱1 "以自我为中心"的夸夸其谈	对自己经历及能力的表述简明扼要,适可而止,千万不要自吹自擂,避免出现"以我为主"的情形	求职者要讲究实在,言简意赅,说得太多了容易引起考官的反感
陷阱2 迫不及待地抢话或争辩	插话、抢话只能增加人家对你的反感,面试的目的是要得到工作,而不是在辩论中取胜	求职面试时,无论自己有多少想法,在对方把话说完之前,千万不可插嘴,这也是对主考官最起码的尊重
陷阱3 好表现自己	求职时,在面试官面前努力提建议,说想法,以此来表现自己,这样肯定不会得到面试官的认可	在面试中,最忌讳提带忠告性质的建议。即使建议多中肯多优秀,也留到录用后再说,不要在求职时急于卖弄
陷阱4 提低级问题	提一些没有意义的问题,比如一个办公室有多少人?办公室内是否有卫生间?单位平常是否组织大家旅游等等,这些很可能使很好的面试砸了锅	求职面试时,主考官要考察的是你的综合素质,而同时你也可以问一些与你所学的专业相关的问题,或者问一些企业工作制度等问题

	禁　忌	避开陷阱的方法
陷阱5 滥用时尚语	说话总喜欢使用时尚用语，结果到求职面试时也无所顾忌，动辄就用网络时尚用语和主考官交流	主考官都是经历丰富的人，卖弄是很危险的，轻浮语言是逃不开他的洞察力的

　　求职面试语言技巧训练的重点就是要开放自己，接纳别人。在生活学习工作的每一个沟通环节都有效地倾听别人讲什么，同时有效地表达自己，将更有利于把握求职面试语言技巧。

沟通体验

故事解析：猎豹追羚羊？

　　一个猎豹一直追一只羚羊，虽然旁边还有不少惊慌失措的羚羊，但它只认定这一只，因为它知道，追的这只会筋疲力尽，而其他羚羊力气还有很多，请谈谈对这个故事的理解？

　　解析：

　　把故事还原到生活中来，"猎豹"代表生活求职中的我们，而"羚羊"则代表我们在求职中的各种职位目标，猎豹面对众多的羚羊的时候，它却显得沉着、冷静。它选择其中的一只进行追逐，虽然短时间内追不上羚羊，但是它拥有超过羚羊的非凡耐力，从而最终逮到自己的猎物！猎豹的经验说明了当我们面前有多个面试岗位时，要清楚自己面试的目标，面临"选择"必须懂得"取舍"！

　　人生时间有限，精力有限，如果我们什么都想做，什么都去做，消耗掉的是我们宝贵的时间和有限的精力，到最后只能落得一事无成，抱憾终身！古今中外，无论是大英雄、大文豪还是大科学家，他们都是专攻某一领域且最终成绩卓著。他们的共同点是虽然历经挫折、失败，但是他们拥有猎豹那种坚定的意志和锲而不舍的信念，通过艰辛的努力从而最终走向了成功！欲成事者，必先立志！而立志的关键就在于正确选择适合自己的人生目标，加之"不成功便成仁"的坚贞信念！

　　作为面试者，在求职时面临种种目标的选择，没必要去过多的追寻，针对自己心仪的工作表达出立足本职工作、用心于本职工作、干好本职工作的决心，必将在求职过程中成为佼佼者，得到自己想要的工作。

8.3 求职应答策略技巧

沟通导航

①导入问题应答策略；

②探询问题应答策略；

③巧妙提问策略。

沟通案例

20年前，杨澜从北京外国语大学毕业时国家实行了毕业不包分配，她跑了许多家单位也没找到很满意的工作。 不久，一个改变命运的机会来了——央视要在女大学生中招聘《正大综艺》主持人，杨澜抱着试一试的想法也去应聘。在面试时，她还反问了面试官一个问题："为什么女主持人都要青春貌美的？"弄得在场其他的应聘者都瞪大眼睛望着她。杨澜的快言快语让导演吃惊了。主考官笑着反问杨澜："说完了吗？"她说："其实女性也可以很有头脑的。中国五千年的历史长河里出现了很多卓越的女性，在各个领域里并不比男性的成就低，比如李清照、黄道婆等。"

考官饶有兴趣地看着杨澜点点头说："请继续！"杨澜说："我想，如果我们中间的哪一个有幸能够胜出，在最后能做这个节目主持人的话，我想她应该是做一个聪明的主持人，而不是男主持人的陪衬。"杨澜的这段话，让考官感到非常意外，他们当即拍板，通知她到中央电视台试镜。从此杨澜开始了全新的人生。

沟通知识

■ 8.3.1 导入问题应答策略

初次见面时，真挚的寒暄有利于缓解双方 "陌生"的感觉，还可以营造一种轻松的求职氛围。这个交流形式很多人都喜欢，很多面试官为了在面试中获取应聘者更多的信息，往往在提问前用近来比较热门的话题进行交流，一方面体现了企业对应聘者的重视，另一方面也有利于营造一种轻松的沟通氛围。

导入问题	应答策略
说说你最大的缺点？	回答提示：这个问题企业问的概率很大，通常不希望听到直接回答的缺点是什么，企业喜欢求职者从自己的优点说起，中间加一些小缺点，最后再把问题转回到优点上，突出优点的部分，企业喜欢聪明的求职者。

导入问题	应答策略
你朋友对你如何?	回答提示:想从侧面了解一下你的性格及与人相处的问题。 例1:我的朋友都说我是一个可以信赖的人。因为,我一旦答应别人的事情,就一定会做到。如果我做不到,我就不会轻易许诺。 例2:我觉得我是一个比较随和的人,与不同的人都可以友好相处。在我与人相处时,我总是能站在别人的角度考虑问题。
简单介绍你的家庭	回答提示:不要告诉对方比其所要求的更多的信息。企业最喜欢听到的是:我很爱我的家庭,我的家庭一向很和睦。企业相信,和睦的家庭关系对一个人的成长有潜移默化的影响。不要表现出你的烦躁不安。企业面试时询问家庭问题不是非要知道求职者家庭的情况,探究隐私,而是要了解家庭背景对求职者的塑造和积极影响。
说说你自己吧?	回答提示:简短介绍自己,突出关键成就,阐述这些成就说明的关键能力,明确这些成就和能力对于你未来单位的重要性。 牢记:这个问题通常是一个热身的问题,不要把你的最重要的观点浪费在这个问题上。
你有什么业余爱好?	回答提示:找一些富于团体合作精神的爱好来介绍。 例:有人被否决掉,因为他的爱好是深海潜水。主考官说:因为这是一项单人活动,我不敢肯定他能否适应团体工作。

■ 8.3.2　探询问题应答策略

随着人力资源成本的不断上涨,用人单位在招聘过程中十分小心谨慎,除了设计各式各样的问题掌握求职者的综合素质、个人信息、教育方面的情况外,还通过提问来考察求职者的责任感、管理能力、应变能力、情绪控制力等。

探询问题	应答策略
对工作的期望与目标何在?	回答提示:这是面试者用来评断求职者是否对自己有一定程度的期望,对这份工作是否了解的问题。对于工作有确切学习目标的人通常学习较快,对于新工作自然较容易进入状态,最好针对工作的性质找出一个确实的答案。
你有工作经验吗?	回答提示:想核实一下,你的经验是真的有吗?是在考察你这些经验和应聘职位的关系如何,进而判断你的经验是否够用。 ①据实汇报。 ②语气既要肯定又要谦虚一些,不宜把自己的经验说得太满、太玄,那样会适得其反。 ③应尽量渲染以前的工作经验如何对这份工作有利,一般经验可以不讲或少讲。 ④话语要言简意赅,点到为止,人家行家一听就明白了,不必讲得过多、过细,以免有吹牛之嫌。

续表

探询问题	应答策略
你对加班的看法?	回答提示:实际上好多公司问这个问题,并不证明一定要加班,只是想测试你是否愿意为公司奉献。 回答样本:如果是工作需要我会义不容辞加班,我现在单身,没有任何家庭负担,可以全身心地投入工作。但同时,我也会提高工作效率,减少不必要的加班。
你想得到多少薪酬?	回答提示:在初步有意向选择某位应聘者时才会提出类似的薪酬问题。目的之二是观察求职者如果对工资持无所谓的态度,那就试着给你一份低工资,看你能否接受。是在考察你这些经验和应聘职位的关系如何,进而判断你的经验是否够用。

■ 8.3.3 巧妙提问策略

应聘者同样有对考官提问的权利,但是首先把握提问时机,不能在不该提问时提问,如打断面试官的谈话而提问,这会给面试官留下不礼貌的印象。其次对你要提的问题要有准备,有些应聘者对提问没有足够准备,考官让说时不知说什么好,这时候,一个好的提问,会让面试官刮目相看。最后提的问题不要太刁钻、太专业,更不要提与工作无关的问题,提问千万不要让面试官难堪。所以,面试的巧妙提问策略包括以下几点:

巧妙提问	提问策略
忌急问待遇	应聘者一见面就急着问"你们的待遇怎么样?""你们管吃住吗?""电话费、车费报不报销?"这些问题,不但让对方反感,而且会让对方产生不好的想法。谈论报酬待遇是你的权利,关键要看准时机。一般在双方已有初步聘用意向时,再委婉地提出来。
忌说有门路有熟人	面试中急于套近乎,不顾场合地说"我认识你们单位的某某""我和某某是同学,关系很不错",等等。这种话主考官听了会反感,结果很可能就是自我遭殃。
忌超出范围	例如面试快结束时,主考官问求职者:"请问你有什么问题要问我吗?"求职者问道:"请问你们企业的规模有多大?你们未来5年的发展规划如何?"诸如此类的问题。求职者提的问题已经超出了提问范围,会使主考官产生厌烦。主考官甚至会想:哪有这么多的问题?你是来求职的呢?还是来调查情况的呢?
忌反问考官	例如主考官问:"关于工资,你的期望值是多少?"应聘者反问:"你们打算出多少?"这样的反问就很不礼貌,好像是在谈判,很容易引起主考官的不快和敌视。

求职中应答用人单位的问题时应运用语言艺术沟通交流，展示求职者语言魅力，给考官留下深刻的印象，给求职打开方便之门。语言简练，谈吐文雅、应答出色，你将会从众多的竞争者中脱颖而出。所以，应答策略技巧是面试成功的金钥匙。

> 诚信建立和实话实说
>
> 刘同学在简历的著作栏里写下了曾发表过一篇关于汇率稳定的文章，以期在面试银行时会有作用。结果在面试中国银行时，当主考官问起她对汇率稳定的观点时，她结结巴巴，说不出所以然。事实是身为会计专业的她对金融问题根本没有什么研究，只是托金融的同学在所发表的文章后带了自己的名字。因此，她最终和中国银行失之交臂。
>
> 上面的小例子讲的是在面试中要保持诚实的态度，诚信是用人单位在招聘新人时重视的品质之一，诚信也是社会交往赖以维系和发展的基础。古人云："一语为重万金轻"。在以人为本的时代背景下，人性化的选材用人，是用人单位的管理方式。在进行双向选择时，应当将自己真实的情况展现在用人单位面前，以自己的风采赢得用人单位的认同，进而与用人单位达成协议。

沟通体验

沟通游戏一：情感病毒

游戏规则：情感是面试交往中的重要因素之一，强烈的感情尤其是负面的情绪会在人与人之间有如病毒一样传播开来，这个小游戏可以方便快捷地说明这一点。

参与人数：不限

时间：3分钟

场地：室内

应用：理解面试沟通中情感的重要性

第一轮：

①游戏开始前，所有人围成一圈，并且闭上眼睛，主持人在由学员组成的圈外走几圈，然后拍一下某个学员的后背，确定"情绪源"，注意尽量不要让第三者知道这个"情绪源"是谁。

②由学员们睁开眼睛，散开，并告诉他们现在是一个鸡尾酒会，他们可以在屋里任意交谈，和尽可能多的人交流。

③情绪源的任务就是通过眨眼睛的动作将不安的情绪传递给屋内的其他三个人，而任

何一个获得眨眼睛信息的人都要将自己当作已经受到不安情绪感染的人，一旦被感染，他的任务就是向另外三个人眨眼睛，将不安的情绪再次传染给他们。

④5分钟以后，让学员们都坐下来，让情绪源站起来，接着是那三个被他传染的，再然后是被那三个人传染的，直到所有被传染的人都站了起来，你会惊奇于情绪传染的可怕性。

第二轮：

①告诉学员们，你已经找到了治理不安情绪传染的有效措施，那就是制造快乐源，即用挚柔和的微笑来冲淡大家因为不安而带来的阴影。

②让大家重新坐下围成一圈，并闭上眼睛，告诉大家你将会从他们当中选择一个同学作为快乐之源，并通过微笑将快乐传递给大家，任何一个得到微笑的人也要将微笑传递给其他三个人。

③在学员的身后转圈，假装指定了快乐之源，实际上你没有指任何人的后背，然后让他们松开眼睛，并声称游戏开始。

④自由活动三分钟，三分钟以后，让他们重新坐下来，并让收到快乐讯息的同学举起手来，然后让大家指出他们认为的"快乐情绪"，你会发现大家的手指会指向很多不同的人。

⑤微笑地告诉大家实际上根本就没有指定的快乐情绪源，是他们的快乐感染了他们自己。

相关讨论

①不安和快乐哪一个更容易被传染一些？在第一轮中，当你被传染了不安的情绪，你是否会真的感觉到不安，你的举止动作会不会反映出这一点？第二轮中呢？

②在游戏的过程中，你对于别人要传染给你不安的预期，导致你真的开始不安，同样你想让别人对你微笑促使你接受和给予微笑。同样在日常的生活和工作当中，你是否会遇到这种事情？

③在一个团队里面，某个人的情绪是否会影响到其他人，是否会影响到团队的工作效率？为了防止被别人的负面情绪所影响，你需要做什么？

沟通游戏二：苹果与凤梨

游戏说明：

①全体学生围成一圈。

②教师先和科代表进行演示。

教师：这是苹果。

科代表回答：什么？

教师：苹果。

科代表回答：谢谢！

③回答完这一对话程序，由相邻的学生（甲）开始问他的下一个同伴（乙）相同的问题：

甲：这是苹果。

乙：什么？

甲（对教师说）：什么？

教师：苹果。

甲：苹果。

乙：谢谢！

④将此对话一直持续下去，最终传到教师；同时教师向另一个方向相邻的人传递凤梨，这样两句话就朝相反的方向进行传递。

注意事项：

①教师要密切注意对话的流向，特别是苹果和凤梨的走向。

②这是一个非常有趣和复杂的游戏，教师应该提醒对话过程中的回答的规律，要求参加培训的人员要有特别高的注意力和反应能力。

③可作为晚会游戏或者暖场游戏对于发生回答错误的学员，可以适当做些惩罚。

销售沟通技巧

销售人员应该具备这样的观念，销售不是帮商家卖东西，而是帮客户买东西！

9.1 灵活应对，洞察客户的心理

沟通导航

①运用需求冰山理论，分析洞察客户心理；

②建立信赖感，准确把握客户心理；

③揣摩顾客需要，了解顾客需要和购买动机。

沟通案例

韩国现代汽车，在金融危机的情况下，给消费者保证："你买了车以后如果失去了工作，我们公司可以把车回购，回购甚至不影响信用记录"。这个承诺向消费者传达了"我非常理解你们"的信号。其实现代汽车针对的这群人未必没钱，买车说明他们还是有消费能力的，但通过这个承诺传达了一个有效信息，表明现代汽车了解消费者、了解消费者所想。因此在那个时候，他们的汽车销量不降反升。同样，这次金融危机，韩国现代又推出了"首付一半，剩余一半过一年再付清"的销售策略，以此来传达帮助消费者度过2009年金融风暴的信息，真可谓是冷暖知人心。此举一推出，销量再次大增。

销售就是销售人员与客户之间心灵的互动。销售的最高境界不是把产品"推"出去，而是把客户"引"进来！所谓"引"进来，也就是让客户主动来购买。可以说，销售是一场心理博弈战，顾客为什么购买？顾客如何购买？这两个问题考验着销售人员的智慧。学会察言观色，揣摩对方心理。谁能够掌控客户的内心，谁就能成为销售的王者！

9.1.1 运用需求冰山理论，分析洞察客户心理

一个人的需求就像一座冰山，冰山的最上面是明显的利益，如价格、质量等，透过冰山的一角往深处看；第二个层面是隐藏的利益，包括关系、维护和交往等；冰山的最深处是深藏的利益，也就是真正影响成交的因素，那就是情感和信任。

> 个人的心理感觉常常会影响他的判断，美国的心理学家做了一个非常著名的冰激凌试验，就是分别在容量300mL的杯子里装上350g的冰激凌，在1000mL的杯子里装上400g的冰激凌，让实验者选择，结果大部分人都选择了350g装的冰激凌，原因是"感觉多一些"，事实上400g装的冰淇淋更多，可是只有5%的人选择了它。

在中国，人们往往愿意把生意交给熟悉的朋友，因为与陌生人第一次打交道，彼此之间没有信任，需要慢慢地培养，所以企业客服人员在与客户交往过程当中，必须注意一步步地去培养信任度。

真正影响客户购买的决定因素不是我们过去所想象的产品、价格、质量和服务本身，而是情感和信任。客户在拒绝你的时候，一般会说产品不够好、价格太高等，事实上这些都是借口。真正原因是他与你没有情感，对你不信任，所以不购买你的产品。通过需求的冰山可以看出，我们真正要做的是与客户沟通感情，增加彼此的信任度。我们不仅要舍得在客户身上投资金钱，还要舍得花时间投资情感。

9.1.2 建立信赖感，准确把握客户心理

销售要想成功就必须知道客户拒绝的真正原因是什么，而只有赢得客户的信赖，才能明白客户真正想法，继而满足客户需求达到成交的目的。永远记住，销售最重要的关键是建立跟顾客的信赖感。

在销售过程当中，你必须花至少一半的时间建立信赖感。而建立信赖感必须准确地把握客户的心理。要赢得客户的信赖，可以根据以下几个步骤：

赢得客户信赖	第一招　利益打动客户。极力向客户推销"利益"，反复说明该产品能够给客户带来利润，是给客户提供一条财路和发展的机会，是求的双赢的，从而引起客户的兴趣，通过案例打动客户，从而为签单打基础
	第二招　专业取信客户。改变自己的自身素质和专业水平，和客户第一次交往要注重仪容仪表，这是销售最基本的，更重要的是要靠你的专业水平取信客户，让客户相信你
	第三招　态度感染客户。销售前做好心理准备，保持积极乐观的态度，充满激情与活力，在客户面前展示自己博大的胸怀和坚定的意志，要坚定"客户可以拒绝你的产品，但不能拒绝你这个朋友"的思想
	第四招　行动说服客户。销售不光要说服客户，更重要的是要想办法帮助客户销售。有比较切实可行的方法去帮助客户提高销售额，客户的销售好了，他才会继续和你合作
	第五招　用心成就客户。作为一个销售人员要真正的用心思考，善于总结，真诚地为客户服务，真正帮助客户实现销售与发展，实现利润，多站在客户的角度去考虑

■ 9.1.3　揣摩顾客需要，了解顾客需要和购买动机

销售员必须明确顾客的喜好，了解顾客对你的产品真正需要，才能向顾客推荐最合适的产品。从客户的气质、性格、兴趣这些方面入手，了解客户在消费过程中的心理活动，不同的人有着不同的思维模式和行为习惯，所以，用一套通用的销售模式是远远达不到目的的。销售人员想要准确把握客户心理，一定要灵活应对不同类型的客户。

　　养猫人和养狗人往往属于两个区别很大的生活群体。对于宠物行业的销售来说，就要知道：养猫的人和养狗的人，其购物篮差异性很大，你只要掌握了养猫人和养狗人的差异，那么就算他们没有买猫粮或狗粮，你也有可能把他们区分出来。爱养猫的人，多数思考力大于行动力，富于想象力和好奇心，脾气温和，同时容易改变主意，颇喜欢离群索居——他们进入卖场的时间通常会在周末，而且比较晚，因为他们很容易赖床。而爱养狗的人，则多数显得有活力，易于乐观，富于进取心和责任感，但他们也比较容易满足——因为要在每个早上或黄昏带着爱犬散步，他们可能很早就能来超市，而且来的频次比较高。

　　最终，这两类人的购物篮就有很大区别。这时，我们向这些人销售商品时，就应该向他们推荐相关的商品。

只有灵活洞察客户的心理，才能成功与客户沟通。销售本身就是一个沟通的过程，重点是要站在客户的立场思考问题，因为只有客户接受了才是真正有效的。

未来学家约翰·奈斯比特曾说："销售和行医一样，没有诊断就开处方就是渎职。"

小王在职业学校毕业后开了一家理发店，由于手艺精湛，加之他伶牙俐齿，生意十分红火。一天，他给第一位顾客理完发，顾客照照镜子说："理得太长。"小王在一旁笑着解释说："头发长，显得有风度，魅力四射，你没看到，那些大牌影星都是像你这样的发型。"顾客听了，心里很高兴，愉快地付钱走了。小王给第二位顾客理完发，顾客照照镜子说："头发剪得太短。"小王笑着解释："头发短，显得有精神，朝气蓬勃，人见人爱。"顾客呵呵一笑说："是吗？那就好，那就好！"小王给第三位顾客理完发，顾客一面付钱一面笑道："时间挺长的。"小王笑着解释："为'首脑'多花点时间，很有必要。"顾客大笑不止，挥手告辞。小王给第四位顾客理完发，顾客一边付款一边笑道："动作挺利索，20分钟就解决问题。"小王笑道："如今，时间就是金钱。速战速决，为你赢得时间和金钱，何乐而不为？"顾客满意地点点头说："嗯，很好，下次还来你这里理发。"

分析：小王面对不同的客户都能随机应变，不仅有灵活的头脑，说话做事要恰到好处，不过分也不虚假，让客户都非常满意，给大家留下了好的印象。

美国营销学家卡塞尔说："生意场上，无论买卖大小，出卖的都是智慧。"而销售人员的应变能力就是一种智慧的体现，没有智慧，也就不会拥有这种神奇的能力。销售人员每天要接触很多的客户，而客户的性格、爱好、品性又各不相同，这样就可能会在销售的过程中出现很多不曾出现过的状况，或者遇到没有经历过的难题，这都是很正常的事情。销售人员不应该因为自己没有经历过，就失去信心和勇气，产生畏惧心理。只有灵活应对，洞察客户心理，才能成功赢得客户。

9.2 推销自己，赢得客户的青睐

沟通导航

①以良好的第一印象博得客户喜爱；
②用诚实守信的态度赢得客户信赖；
③用真诚自信的推销换来客户认可。

陈羽是一位推销员，在一家销售语言教材的公司工作。一次，他在电话里向一位客户推销"在短期内必能说流利英语"的语言磁带，尽管他把自己的产品夸得天花乱坠，并且推销的技巧也很高明，但是丝毫没有引起客户的兴趣，客户不耐烦地说："如果你能把你刚才的话用英语重复一遍给我听，我就购买你们的英语磁带。"这时陈羽傻眼了，自己推销的商品是让人短期内说一口流利的英语，而销售员自己却根本说不成流利的英语，怎么能让客户相信，怎么能说服顾客购买自己的产品呢？

经此一事，陈羽开始认真地进行自我反思。他认识到，要想成为一位出色的销售员，要想顺利地说服客户，就必须先推销自己，必须让自己看起来很棒，要对自己的业务有足够的把握，这样才能让客户信服。于是陈羽自己先买了一套语言磁带，并下苦功认真地学习，很快他就成了英语口语高手。此外，他还积极地了解行业的最新发展状况，发现自己商品的优势，并充满自信地去推销。一次极偶然的机会他又一次联系到之前拒绝他的那位客户，这次陈羽的表现令客户大吃一惊，不禁对他肃然起敬。最后他们之间建立起了长久的合作关系，那位客户还主动帮助他推销。

陈羽过硬的素质受到了很多客户的敬佩，与他接触过的客户都会夸奖他很棒。很快陈羽就因为表现突出，被提升为销售主管，但是他一直牢记那次的教训，总是时刻提醒自己："要让自己看起来很棒。"

销售人员在与客户打交道的过程中，要明白自己首先是"人"而不是销售员。销售人员的人品会让客户产生不同的心理反应，这种反应对销售的成败起了决定性的作用。优秀的产品只有在一个优秀的销售人员手中才能赢得市场。

从沟通学的角度，从更高的层次来分析，销售者首先要销售出去的是"自己"。这才是成功的秘诀，也是销售的最高境界。如果双方认可了对方的"人品"，才能在此基础上形成动机，完成买卖。

■ 9.2.1 以良好的第一印象博得客户认可

给客户建立良好的第一印象至关重要。如果你能够被客户认可，那么你就已经成功了一半。最初的印象能够在对方的头脑中形成并占据着主导地位。销售人员一旦给客户留下不好的印象，就很难再纠正过来，毕竟很少有人会愿意花更多的时间去接触一个留给他不好的第一印象的人，而是愿意去接触那些给自己留下好印象的人。

某食品研究所生产了一种沙棘饮料，一名女销售人员去一家公司进行推销。她拿出两瓶沙棘样品怯生生地说："你好，这是我们研究所刚刚研制的一种新产品，想请贵公司销售。"经理好奇地打量了一眼面前这个女销售人员，刚要回绝的时候，他被同事叫过去听电话，便随口说了声："你稍等。"当这个"记性不好"的经理打完电话之后，早已忘了他还曾让一个女销售人员等他。就这样，那名女销售人员整整坐了几个小时的冷板凳。快到下班的时候，这位糊涂的经理才想起等他回话的女销售人员，看到她竟然还在等。面对这个"老实"又有点生涩的销售人员，这位经理觉得她比起经常乱吹一气的销售人员来更令人感到心里踏实，于是当场决定进她的货。

这个案例说明，一个合格的销售人员在与顾客交往的过程中，首先要用自己的人格魅力来吸引顾客。

尽管有时第一印象并不完全准确，但是却在人的情感因素中起着主导作用。在销售过程中，销售人员可以利用这种效应，展示给客户一种比较好的形象，为下一步的销售工作打下良好的基础。为此，销售人员在与客户初次见面时需要注意以下几点：

销售第一印象		
服饰	谈吐举止	礼节
干净整洁，搭配协调	态度要谦逊有礼	真诚
符合时尚美感	行为举止体现修养	热情
恰当地体现个性风采	避免不雅举止，如说话速度太快、吐字不清、说大话、油腔滑调、沉默寡言，太随便、脚不住地抖动，不停地看表等	自信
不要赶时髦和佩戴过多的饰物		谦虚

9.2.2　用诚实守信的态度赢得客户信赖

推销产品也是推销人品，首先要向客户推销你的诚信，诚信不但是销售人员的职业道德，也是做人的准则，它历来是道德的重要组成部分，在日常销售工作中也发挥着重要的作用。实际上，向客户推销你的产品，就是向客户推销你的诚信。

> 据美国纽约销售联谊会统计：70％的人之所以从你那购买产品，是因为他们喜欢你、信任你和尊敬你。因此，要使交易成功，诚信不但是最好的策略，而且是唯一的策略。

那么，销售人员如何训练并且表现自己的诚信呢？下面的秘诀有助于我们成功推销自己。

> 有一位成功的销售人员，每次登门推销总是随身带着闹钟。交谈一开始，他便说："我打扰您10分钟。"然后将闹钟调到10分钟的时间，时间一到闹钟便自动发出声响，这时他便起身告辞："对不起，10分钟到了，我该告辞了。"如果双方商谈顺利，对方会建议继续下去，那么，他便说："那好，我再打扰您10分钟。"于是闹钟又调到了10分钟。大部分客户第一次听到闹钟的声音，很是惊讶，他便和气地解释："对不起，是闹钟声，我说好只打扰您10分钟的，现在时间到了。"客户对此的反应因人而异，绝大部分人说："嗯，你这个人真守信。"也有人会说："咳，你这人真死脑筋，再谈会儿吧！"
>
> 销售人员最重要的是要赢得客户的信赖，但不管采用何种方法，都得从一些微不足道的小事做起，守时就是其中一种。这是用小小的信用来赢得客户的大信任，因为你开始答应会谈10分钟，时间一到便告辞，就表示你百分之百地信守诺言。

（1）不夸大事实

要做到诚信，是件很不容易的事情。而夸大事实，违反诚信法则的人，是无法在这个行业中生存下去的。美国销售专家齐格拉对此深入分析道：一个能说会道却心术不正的人，能够说得许多客户以高价购买劣质甚至无用的产品，但由此产生的却是三个方面的损失：客户损失了钱，也多少丧失了对他的信任感；销售人员不但损失了自身形象，还可能因这一点短暂的利益而失去了成功的推销生涯；从整个行业来说，损失的是声望和公众的信赖。

（2）三思而后言

这点其实很容易做到的。也许你讲话过快，以至于中心意思不够突出；或者你表达能力较差，无法有序表达自己的观点。这都不要紧，只要耐心等待，直到自己的声带与大脑完全合拍，这样你再开口则基本不会出现任何问题了。

（3）宽容化矛盾

买卖双方有矛盾是很正常的，但争论解决不了任何问题，只有求同存异，宽容理解，才有助于问题的解决。销售要以恰当的方式表达，避免伤害客户的情感，使对方感到困窘。

■ 9.2.3　用真诚自信的推销换来客户认可

销售时，你的言谈举止能充分体现你的真诚自信与否，自信的销售人员会赢得客户的好感，进而得到客户的认可，也是客户是否购买你的商品的关键因素。往往导致销售人员失败的罪魁祸首就是他对自己失去了信心。"销售人员与运动员一样，要毫不气馁地工作，思想决定行为，不要对自己失去信心，即使真的没成功，也不要失望，因为这也在情理之中。自信的销售人员面对失败仍然会面带微笑，"没关系，从头再来"。他们在失败面前仍会很轻松，从而能够客观地反省失败的销售过程，找出失败的真正原因，为重新赢得客户创造机会。

> 世界上最伟大的销售员乔·吉拉德，早年由于事业失败、负债累累，更糟糕的是，家里一点食物也没有，更别提供养家人了。他拜访了底特律一家汽车经销商，要求得到一份销售的工作。经理见吉拉德貌不惊人，并没打算留下他。乔·吉拉德说："经理先生，假如你不雇用我，你将犯下一生中最大的错误！我不要有暖气的房间，我只要一张桌子，一部电话，两个月内我将打破你最佳销售人员的纪录，就这么约定。"经过艰苦的努力，在两个月内，他真正做到了，他打破了该公司销售业绩纪录。

自信是一种积极向上的力量。自信是销售人员必须具备气质。那么如何才能表现出你的自信呢？

（1）摆正心态正视职业

在和客户交往时要不卑不亢，如果你连自己都看不起，别人又怎么会看得起你呢？表现得懦弱、唯唯诺诺，根本就不会得到客户的好感，反而会让客户大失所望——你对自己都没有信心，别人又怎么可能对你销售的产品有信心呢？

（2）面对拒绝坚定信心

销售人员经常是非常热情地敲开客户家的门，却遭到客户的冷言冷语，甚至无理侮辱。这时，你一定要沉住气，千万不要流露出不满的言行。要知道，客户与你接触时，并不会在意自己的言行是否得体，反而总是在意你的言谈举止。客户一旦发现你信心不足甚至丑态百出，则对你的商品就更不会有什么好感了。即使他认为你的商品质地优良，也会得寸进尺，见你急于出手，便乘机使劲压价。客户这样做，就是因为你失去了自信。

（3）自信推销把握分寸

自信既是销售人员必备的气质和态度，也是增加销售额必不可少的条件，但是自信也要把握分寸，不足便显得怯懦，过分又显得骄傲。

自信会使你的推销变成一种享受，不自信的销售人员一定会把推销当做是包袱，是一份令人讨厌的工作。然而自信却能使你把推销当做愉快的生活，既不烦躁，也不会厌恶，这是因为你会在自信的推销中对自己更加满意，更加欣赏自己。如果你对自己和自己的商品充满了自信，那你在推销时会更加坚定。

销售强调的一个基本原则是：推销产品之前，首先要推销你自己。所谓对客户推销你自己，就是让他们喜欢你、相信你、尊重你并且愿意接受你，换句话说，就是要让你的客户对你产生好感。

美国一些大公司在招聘销售人员的时候，总会问这样一个问题："你为什么要做销售人员？"对于这个简单的问题，大部分的应聘者会回答"我喜欢这个有挑战性的工作""为了实现自己的梦想"等。做出这样回答的应聘者一般是不会被录取的。相反，如果应聘者说"为了赚钱"，招聘者反而会露出满意的笑容，祝贺他被录用。

分析：说"为了赚钱"似乎有点低俗，但为什么被录用了呢？这是因为从这个回答中，招聘者能够看到应聘者所拥有的一颗真实的心。拿破仑曾说："不想当将军的士兵不是好士兵。"这句话套用到销售人员身上，就可以这样说："不想赚大钱的销售人员不能成为一个顶尖的销售人员。"事实也确实如此，一个不想赚大钱的销售人员一般都不能创造良好的业绩。

🏠 拓展练习

小测试，对根据你的态度，回答"是"或"不是"。

①我每天看一小时新闻。

②我每天读报。

③每周读一份新闻周刊。

④我有时会经历非常糟糕的一天，一整天都如此。

⑤我的工作是个苦差事。

⑥我每次生气都延续一小时或更长时间。

⑦我和态度消极的人谈得来，而且同情他们。

⑧出问题时我喜欢责备别人。

⑨当事情不妙时，我会告诉别人。

⑩我会被爱人惹火，四个小时不理她（他）。

⑪我会在上班时想起并讨论个人问题。

⑫我会做情况更坏的心理准备。

⑬天气会影响我的情绪，让我忍不住批评天气。

答案解析：

0~2个"是"：销售态度非常积极。

3~6个"是"：销售态度比较消极。

7个或7个以上的"是"：你的销售态度有问题，且问题较严重。建议你加强训练你的销售态度。

9.3 善用技巧，增加成功的筹码

沟通导航

①运用幽默进行成功推销；

②"自己人效应"引起客户共鸣；

③解决客户问题。

沟通案例

傻人的聪明话

公司里炙手部门的经理空缺，部门里全是一等一的人才，大家争得头破血流。最后，居然来了空降部队，由别的部门调来了小王担任新的经理。小王上任那天，大家摩拳擦掌，准备给小王一点颜色。"凭什么让一个外行人来领导我们。"几个原来争权的主管，居然团结在了一起。小王在就职会上致辞了，他笑着深深一鞠躬："在下能到这里来，全要感谢大家。第一，因为这里的能人太多，据说升谁当经理，都是一种不公平。所以按照历史的定则，找我这么一个有傻福的傻人来。"引起一团笑声。小王继续说："傻人就像个蜡烛的芯，看起来最亮，又在蜡烛的最高点、最中心。其实啊！他最惨，他是被烧的，烧得焦黑，你们看看我这么瘦，能烧几下啊？"大家又笑了。小王再一鞠躬："最重要的，是蜡烛芯自己不能烧，全靠四周的蜡油。所以，拜托！拜托！各位先生，我全靠你们了，请大家帮忙，别让我给烧焦了！"一屋人都笑弯了腰，把要修理小王的事全忘了。

看了这个故事，你有什么感想？

善用沟通技巧，可以交友、可以解围、可以还击、甚至可以救命。

沟通知识

销售其实就是沟通，销售人员要明白客户心里真正需要，把话说到客户的心坎上，也就有了成交的希望。良好的沟通技巧将会贯穿于销售工作的整个过程，也将对销售工作的成败产生决定性的影响。

9.3.1 运用幽默进行成功推销

幽默是推销中解决各种问题和矛盾的最好办法。

如果推销遇到棘手的问题时能够用幽默的几句话，使大家会心一笑就想接受了，不是太高明了吗？ 运用幽默，常常不直接面对问题，而采取迂回的方式，所以不会造成太尖锐的感觉。幽默也常是突然发生，出自一种机智，反映了幽默者的智慧，而令人叹服。当人们叹服时，往往就会对你产生好感，也就容易地接受了你的推销。所以在西方社会，幽默感被认为是一种杰出的能力。

运用幽默进行推销，必备以下几点：

（1）具有较高的洞察力和想象力

幽默沟通需要思维敏捷，能说会道，要具备这种能力就要求我们对事物要认真考察，对生活要尽力去体验。

（2）具有较强的语言表达能力

幽默感不是每个人都有，这需要对生活有深刻认识和理解，并能用语言体验表达出来，所以生活阅历丰富的人才会具有幽默感。

中国人在过年打破东西"碎碎平安"，是幽默；在劝架时说"不打不相识"，是幽默；在夫妻吵架时说"床头吵、床尾和"，是幽默。 这些已经用了几百年，甚至上千年的句子，是生活阅历丰富带来的幽默，是智慧的灵光，是一种能够流传的"智慧财产"啊！

（3）幽默要得体运用，不能滥用

幽默是解决问题的手段而不是为了幽默而幽默，所以，一定要注意场合，根据谈话环境得体运用。

■ 9.3.2 "自己人效应"引起客户共鸣

公元前265年，秦国攻打赵国，赵国向齐国求救，齐国要长安君做人质才愿出兵。赵太后疼爱小儿子，坚决不允，并严禁群臣再进谏。左师触龙求见，太后愠怒接待，但触龙一点也不谈人质之事，反而提起自己的脚疾，关心地问起太后的起居，在嘘寒问暖中，两人都为行动不便、食欲欠佳而感叹。随后，触龙提起他的小儿子，央求太后让他到官中当一名卫士，太后关心地问起他儿子，两人因而议论起"父母亲谁较疼爱孩子"这个话题，触龙认为"父母爱孩子，必须为孩子做长远的打算"，并举太后当初为什么将女儿远嫁燕国为例，然后顺水推舟地谈起如今太后疼爱小儿子长安君，虽然给他最好的封地和财宝，但却不让他为赵国立功，这并非真心疼爱儿子的长远打算。触龙的这一番话让赵太后有所感悟，于是立即送长安君到齐国当人质，而齐国也很快出兵，解救了赵国。

触龙游说赵太后是中国说客史上一个非常高明的案例，他所用的策略及所发挥的作用，现代心理学称为"自己人效应"，也就是先让对方觉得你和他是"同一伙"的，是"自己人"，这样不仅可以缩短彼此的心理距离，而且会让对方更喜欢你，也更容易接受你的意见。

销售时要引起客户共鸣最常使用的方法就是强调自己跟对方"共通的地方"，譬如到外地去推销自己或其他东西，就要用当地语言和人打招呼、甚至唱一两首当地的流行歌，研究显示，这对让当地人接纳你非常有效。尤其是意见不同，需要说服让对方接纳自己时，一定不要站在他的"对面"，而应该跟他站在"同一边"说话。

9.3.3 有效引导引起客户共鸣

无论你做任何产品或服务的销售，结果只有两个，不是你把"是"销售给了客户，就是客户把"不"销售给了你。在双方的较量过程中，引导与被引导一直在相互交错发生着。如何在与客户的沟通中占据主动，并最终取得成功呢？

（1）巧妙引导，扩展并增强影响

西方流传着一首民谣：

缺了一颗钉子，丢掉了一个马蹄

缺了一个马蹄，缺少了一匹战马

缺了一匹战马，少了一名骑手

缺了一名骑兵，结果输了那场战争

输了一次战争，最后灭亡了一个国家

马蹄铁上一个钉子是否会丢失，本是初始条件的十分微小的变化，但其"长期"效应却是一个帝国存与亡的根本差别。一步步引导客户，并使客户感到问题的严重性是在整个引导进程中最核心的环节。

做销售其实就是一个让客户先痛苦、后快乐、最终成交的过程。

（2）聚焦问题，放大兴奋点

在确认客户真正的问题或需求时，可首先利用诊断性提问限定范围，确立具体细节，例如"您是需要大型的服务器还是小型的办公电脑设备？"再利用聚焦性提问进行确认，如"那么，在电脑设备的采购方面，您最关心的是什么呢？"

（3）巧用危机行销法与催眠行销法

顾客的购买往往出于两个出发点：逃离痛苦和追求快乐。问题点就是让客户感到痛苦的"痛点"，兴奋点就是让客户感觉快乐的理由。其实做销售也是这个道理，也是既让客户感觉痛苦，同时让客户感觉快乐的过程。

拓展练习

一个替人割草的男孩出价5美元，请他的朋友为他打电话给一位老太太。电话打通后，男孩的朋友问道："您需不需要割草？"老太太回答说："不需要了，我已经有了割草工。"男孩的朋友又说："我会帮您拔掉花丛中的杂草。"老太太回答："我的割

草工已经做了。" 男孩的朋友再说："我会帮您把草与走道的四周割齐。" 老太太回答："我请的那个割草工也已经做了，他做得很好。谢谢你，我不需要新的割草工。" 男孩的朋友便挂了电话，接着不解地问割草的男孩说："你不是就在老太太那儿割草吗？为什么还要打这个电话？" 割草男孩说："我只是想知道老太太对我工作的评价。"

分析：这个故事的寓意是：只有勤与客户、老板或上级领导沟通，你才有可能知道自己的长处与短处，才能够了解自己的处境。

沟通体验

3人一组，向每个人确认其角色及相应任务信息，请完成各自任务。

A.销售员

请确保以下信息只有你自己看到，千万不要让其他人看到。

你是一个农场里的销售人员，你们农场里有一万公斤的橘子在积压，现在农场给你下了死命令，必须马上把橘子卖掉，而且不能少于5元/公斤的价格，农场答应如果你能多卖价钱，多出的钱将作为一种奖励全部给你，如果你卖不掉，橘子就会烂掉，到时，将被农场解雇。

信息：农场通知你待会从县城里会来两个采购人员急需向你购买橘子，机会来了，不要错过哟！

B.采购员甲

请确保以下信息只有你自己看到，千万不要让其他人看到。

你是县城里一个医院里的采购员，你们医院最近研制出了一种"HEDCRPG"药物，此药物从橘子皮里提炼而得，刚好医院里有许多病人急需此药救命，但医院里已没有此药，现在医院需要一万公斤的橘子，从中提炼"HEDCRPG"，现在医院要求你去购买橘子，并且不能多于4元/公斤的价格购买，医院答应如果你能低于此价格购买，节约出的钱将作为一种奖励全部给你，如果你买不到橘子，那么到时会有病人因无药物治疗而死去。十万火急！

信息：县城附近有个农场，农场里刚好有一万公斤橘子要卖，如果卖不掉将会烂掉，这是你谈判的优势，但是棘手的是，你的竞争对手也要去购买橘子，这将会给你带来麻烦。

C.采购员乙

请确保以下信息只有你自己看到，千万不要让其他人看到。

你是县城里一个医院里的采购员，你们医院最近研制出了一种"HEDPBDX"药物，此药物从橘子肉里提炼而得，刚好医院里有许多病人急需此药救命，但医院里已没有此药，现在医院需要一万公斤的橘子，从中提炼"HEDPBDX"，现在医院要求你去购买橘子，并且不能多于4元/公斤的价格购买，医院答应如果你能低于此价格购买，节约出的钱将作为一种奖励全部给你，如果你买不到橘子，那么到时会有病人因无药物治疗而死去。任务艰巨！

信息：县城附近有个农场，农场里刚好有一万公斤橘子要卖，如果卖不掉将会烂掉，这是你谈判的优势，但是棘手的是，你的竞争对手也要去购买橘子，这将会给你带来麻烦。

行为沟通篇

Chapter 10

文书沟通的技巧

金点子

> 如果你写不出来，你也别指望说得好！

沟通导航

①了解常用的沟通文体；
②掌握常用文体的写作技巧，准确恰当表达。

沟通案例

餐厅预订部接到客人电话，要预订四天后，17日的3桌酒席，标准是每桌1000元。四天以后客人陆续步入餐厅，宾客满座。迎宾小姐上前询问，客人说酒席已预订了。一看记录没有。她把餐厅经理叫来，一核对，完了，原来听电话的接待员把"四天后"听成了"十天后"，客人愤愤离去，说再也不上这家饭店吃饭了。

由于这家餐厅用口头传递经营管理信息，没有文书记录或记录不准确，导致生意泡汤、客源流失。

在标准化管理中，用文字传递信息是非常重要的。

沟通知识

口才是最重要的沟通工具，但文书沟通的作用也不可低估。文书沟通是商务交往、特别是日常工作中有力的交流工具。与口头沟通相比，文书沟通具有以下优点：

（1）一目了然

白纸黑字能使所有参与方对于所讨论的论题、事实根据和结论，以及达成的共识一目了然，并保持跟进直至工作完成。当讨论的结果被记录下来、经详细商讨并最终写在纸上时，投机取巧的人就没有施展拳脚的空间了。

（2）书面跟进

能准确及时地记录事项进程、讨论内容以及行动细则，并充当了作为每个工作项目历史档案的功能。例如：我要协调团队完成一项销售任务，时间非常有限，离规定的完成日期不远，此时准备一份书面备忘录给我的队员、主管以及合作伙伴，将使我更加清楚采取什么步骤，如何对每个人进行跟进。它促使每个人共同关注一件事、说同一种语言，以及清楚哪些已经做完，还有哪些需要做。书面跟进还能保证论功行赏，能确保分辨出哪些人履行了承诺，哪些人因及时完成了工作而得到肯定。

（3）充当意见不合、起争端时的证明

没有人是完美的。毫无疑问，每一个工作项目都面临特殊的挑战，不管这种挑战是运筹上的还是人际关系上的。书面记录能帮人关注于事实而不是感受，或其他个性和工作风格上的差异，并以合理的方式解决意见不合以及争端。

10.1 沟通的常用文体

沟通知识

职场中，有哪些涉及沟通的文书呢？

沟通的常用文体包括：信函、备忘录、报告、提议、记录、合约、指示、议程、通知、规章、笔记、计划、讨论文件等。

文书沟通的要求：传达必要的、精确的信息；文字的表述对特定的情况应是恰如其分的。

文书沟通的目的：传递信息、下达指示、解释事情、事后补遗、法律依据、考核评价、科研等。

10.2 常用文书的写作技巧

沟通知识

得体的文书沟通对于口头沟通而言，无异于是锦上添花。可是，写好文书沟通的窍门何在？

第一步：准备。理清写作思路、考虑文书内容。

确定目标：明确写给谁（who），写什么（what），为什么（why）。

写出提纲：搭出文书结构、制定文书写作的策略。

进行整理：按照逻辑排列各要点的位置，去掉无关信息。

第二步：写作。一口气写完。

肯定型：同意某种请示，提供一个机会，或者是一个好消息。解释好消息，用好的祝愿语结束。

否定型：对要求的一种否定，或者是一个坏消息，用缓冲式的自然叙述开头，在给出坏消息之前加以解释，告诉坏消息，如果有可能，建议某些可能的选择，用好的祝愿语结束。

指示型：指示他人进行某项工作，开展某些活动，同意你的见解或提供你的信息等。以一种吸引接受者注意力的叙述开始，表示建议或要求及可能的利益，清楚地指示接受者如何去做，鼓励克服困难，尽早完成工作。

第三步：检查。写完后重读，大幅度删减无关信息，检查表述是否客观真实；是否有文字、语法、拼写、描述的错误；检查细节，如标点、日期、称谓等，检查是否准确及时，检查是否完整规范，确认无误。

10.3 熟悉文书，准确恰当表达

沟通知识

沟通文书有其特定的使用范围，什么场合使用什么文书，是必需要规范的，不能乱用、混用。如：指示、通知属于下行文，适用于上级单位向下级单位发送；报告属于上行文，适用于下级单位向上级单位汇报工作、反映情况、对要解决的特定问题收集、整理、对比分析有关材料，形成观点主张等。非正式的信函可能比正式的通知更易于建立起良好的关系。

文书沟通没有高深的理论，其难度在于，你需要不断训练自己，这一过程是漫长的，但也是快乐的。

沟通体验

你是一名行政主管，收到了一位骨干员工的来信，他提出脱产进修的要求，而你必须写一封回信，信中你要拒绝他的要求。请每个人用20分钟写完这封信（请注意准备、写作、检查三步骤）。

拓展练习

①文书沟通的障碍是什么？
②应该如何进行有效的文书沟通？

肢体语言沟通的技巧

金点子

　　读万卷书，不如行万里路；行万里路，不如阅人无数。阅人、识人、真正看透一个人的内心，不是件易事。虽然人很复杂，但并不是说不可识别。毕竟，世上任何事情都有踪迹可循，有端倪可察。积极察言观色辨明语义态度在人际交流中具有重要的价值。语音系统与肢体语言的完美结合是有效沟通的基础。据权威人士研究发现：在面对面人际交往所传递的信息量中，言语本身只占7％，38％出自语音语调，55％来自身体动作。如果你留心观察别人的体态语，不仅可以比较准确地洞察别人的内心世界，也可以懂得对方此时其实是向你暗示什么，从而帮助你做出恰当的反应。

11.1　面部表情判断心理活动

沟通导航

①获得非语言沟通的基本知识；
②学会通过面部观察洞察对方内心的判断、分析能力。

沟通案例

　　梁惠王雄心勃勃，广纳天下贤才，有人多次向他推荐淳于髡。因此，梁惠王频频召见他，每一次都屏退左右与他倾心密谈。但前两次淳于髡都沉默不语，弄得梁惠王很难堪。事后梁惠王责问推荐人："你说淳于髡有管仲、晏婴的才能，我怎么没看出来，他只是沉默不语，我看你是言过其实。"推荐人以此言问淳于髡，他听了笑笑说："确实如此，前两次我都沉默不语，但我不是故意的，而是另有原因。第一次大王脸上有驱驰之色，想着驱驰奔跑一类的娱乐之事，所以我没有说话；第二次，我见他脸上有享乐之色，是想着声色一类的娱乐之事，所以我也没有说话。"推荐人将此话告诉梁惠王，梁惠王回忆当时情景，果然如淳于髡所言。至此他不禁对淳于髡深感佩服，也终于相信推荐人所言，开始重用淳于髡。这个故事告诉我们：

　　淳于髡通过观察梁惠王的面部表情洞察了他心里的想法，从而赢得了梁惠王的尊重和佩服。一个深谙此道的人，一定会成为人们口中的"高人"。

■ 11.1.1　透过眼神洞察内心世界

> 有一次，古希腊哲学家德谟克利特在街上遇见一位他认识的姑娘，就打了一声招呼："姑娘，你好！"第二天他再一次碰到了同样打扮的那位姑娘，却招呼道："这……这……太太，你好！""姑娘"一夜之间成了"太太"，德谟克利特这样一语道破姑娘的身份变化，那位姑娘脸上泛起了害羞的红晕，便转身离去了。原来，德谟克利特仔细观察了那位姑娘的眼神、气色、面部表情等举止，得出了那位姑娘已为人妻的结论。

人们常说，眼睛是心灵的窗户，是人类心灵沟通的重要工具。眼睛可以反映人的情绪、态度和情感变化。看一个人的心术，就看他的眼神，眼神会泄露一个人的内心秘密。心理学家海斯在《暴露真情的眼神》一书中就说道，在人类所有沟通信号中，眼神是最能说明问题、最准确的信号。人的目光与表情是相一致的，但是有时眼神与表情会出现分离。只要细心观察，我们就可以洞察对方的心理，了解对方的真实意图。所以，一个人的心理变化和波动，都会通过这扇"窗户"传递给"屋子"外面的人。不要试图掩盖什么，因为你的双眸可能会出卖你的"灵魂"。

（1）表情与眼神

表情	眼神状态
高兴、兴奋时	眉开眼笑
悲伤时	两眼无光
气愤时	怒目相视
惊奇时	双目凝视
生病、消极时	眼神无精打采
幸福时	眼光发亮

（2）眼球运动方式所代表的内心活动

眼球运动方式	内心活动
右上方	思考构想出的、想象中的图像
左上方	思考记忆中的图像
右方	思考构想出的、想象中的声音
左方	思考记忆中的声音
斜视	既可表示兴趣、也可表示敌意，要结合表情判断
专注看着对方	表示尊重对方，仔细倾听

续表

眼球运动方式	内心活动
东瞧西看	表示心不在焉
眼望天花板，或看地面	表示对对方谈话不感兴趣
从头到脚地审视对方	传递着怀疑的信息
仰视对方	怀有尊敬和信任之意
俯视他人	刻意保持自己的尊严
皱眉而注视对方	流露出对事担忧和同情

（3）眼神运作基本模式

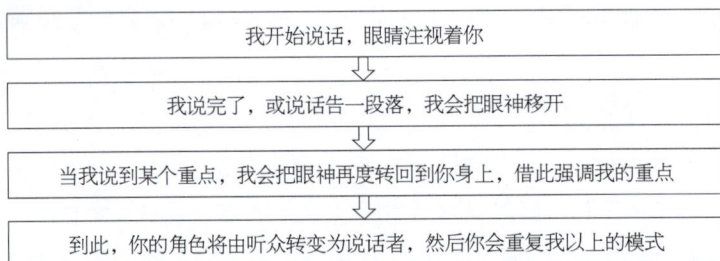

我开始说话，眼睛注视着你
⇩
我说完了，或说话告一段落，我会把眼神移开
⇩
当我说到某个重点，我会把眼神再度转回到你身上，借此强调我的重点
⇩
到此，你的角色将由听众转变为说话者，然后你会重复我以上的模式

（4）视线注视区域

在与人正常的交往中，彼此目光的接触是不可避免的。但有些人不喜欢视线的交流，觉得很难。究其原因觉得和别人目光接触很难的人群，主要是不知道怎么看，该看哪里？下面就是我们在各种场合中与人交流时的注视区间：

公务式注视区间　　　　社交注视区间　　　　亲密注视区间

注视对方的时间长短要合适，记住，我们是在"看"对方，而非"瞪"对方。瞪会让人感觉很不舒服。

■ 11.1.2　面部表情的识读

美国第16任总统林肯曾经拒绝了朋友推荐的候选阁员，原因是他不喜欢那个人的相貌。这位朋友感到愕然，认为这太苛刻了，就疑惑地说："他不能为自己天生的相貌负责呀！"

林肯断然地回答道："不，一个人过了40岁以后就该对自己的面貌负责。"在林肯看来，相貌虽然是父母所赐，但人的面部表情是可以熏陶和改变的。一个人内心丑恶，经年累月必然会形成狰狞的面目；一个人心地善良，久而久之就显现出和颜悦色。

看人先看脸，一脸带百相。人的面部是整个身体的精华部分。故人常说："人逢喜事精神爽。"面部表情就是人心灵和感情的晴雨表，在所有的身体姿态中，面部表情是最为直观地展示出了人的心理状态及其变化过程，作家罗曼·罗兰说："面部的表情是多少世纪培养成德语言，是比从嘴里讲的复杂到千百倍的语言。"

所以，一个人的面部表情直接反映了他的内心活动。在人际交往中，通过他人表情的细微变化，准确地洞察他人的内心，然后再随机应变是获得他人欢迎的不二法门。看透人心的方法很多，而懂得察言观色的人，绝对能迅速又准确地掌握人心。

人的情绪是通过眼睛、眉毛、嘴和面部表情肌的不同排列组合，反映出人瞬间的情绪与情感。面部表情是写在脸上的心。经常性、习惯性的面部表情会随时间的流逝在人的面部留下印记。如：两眼闪光、双目怒视、眉头紧锁、喜笑颜开、嗤之以鼻、得意洋洋等许多生动的词汇都是描述面部表情的。所有才有"出门看天气，进门看脸色"之说。在商业领域，通过观察面部表情能够了解客户的心理活动。相传古代波斯商人在向顾客展示珠宝时，非常注意观察顾客的细微表情变化，一旦发现顾客在观赏珠宝时眼珠发亮或者嘴角微张，随即就会开出大价钱。

（1）各种面部表情模式图

| 满意 | 愤怒 | 悲伤 | 高兴 | 恶狠 | 平淡 | 冷漠 | 不屑 | 惊恐 |

（2）不同情绪的面部表情模式

情　绪	面部表情模式
兴奋	额肌带动眉毛上扬，眼轮匝肌带动双眼大睁，同时嘴轮匝肌牵动双唇张开
愉快	笑，嘴唇朝外朝上扩展，眼笑

续表

情 绪	面部表情模式
惊奇	前额肌牵动双眉上抬，眼轮匝肌带动双目圆睁，眨眼
愤怒	双眉下垂，双目圆瞪，咬紧牙关，面部发红
羞愧	低垂双眼，紧锁双唇，前额和眉毛则无特殊变化
恐惧	眉毛上抬，目瞪口呆，脸色苍白，出汗发抖，毛发竖起
悲痛	眼眉拱起，嘴角向下拉。半合双眼，抽泣
轻蔑	眉毛翘起，眯缝双眼，双颊下绷，嘴轻蔑地向一边撇去

　　能够从对方的表情准确判断出对方的实际意图，是很重要的本领。一旦抓住了对方的内心动向，再以正确的方法进行处理，成功就离我们不远了。

拓展练习

眼神训练操

眉毛上下转动5次，倘若转动不好亦不要紧，只要收缩上眼睑的肌肉就达到了目的。

将黑眼珠上翻慢慢转圈，左转5圈，右转5圈，这一节对消除眼睛疲劳亦有帮助。

将食指置于双目中间，做对眼状10秒，然后放松，重复5次。

将两手食指置于双眼左右，眼珠尽量不要看食指，保持10秒放松，重复5次。

左右眼睛交替闭目，难以闭合的一只要重点练习，倘若双目都能同等程度地一闭一合，眼神练习操便达到目的了。

面部表情训练

准备：镜子、摄像器材

内容：对常见的微笑、喜悦、忧虑、愠怒、惊讶、悲伤等，进行认识和训练。

方法和步骤：

对着镜子，分别酝酿上述心情，选择自己在微笑、喜悦、忧虑、愠怒、惊讶、悲伤六个方面具有代表性的表情脸谱。无法表达的人，需要反复练习，以能够准确选择为止。

面对摄像器材，录制自己上述六种表情脸谱。

小组观看，每人反馈对自己表情的理解，并提出修改意见。

对照小组成员的理解和修改意见，对着镜子进行改进和训练。可以由小组成员给予帮助，感觉有明显进步后，可以进入下一环节。

在单人镜子训练时要特别注意和体验表情肌肉的状态，并巩固下来，日常生活中要保持留意和应用。

再由摄像机拍摄矫正后的表情脸谱，进行前后对照总结。

11.2 言谈举止洞察心理秘密

沟通导航

①学习各种透过表面现象看穿人的个性本质；

②职场中学会观察人的言谈举止来判断掌握、了解人的内心真实活动。

沟通案例

美国前总统克林顿在莱温斯基绯闻案审理中，向大陪审团提供证词时，口口声声讲他和莱温斯基关系清白，但是在他讲话的过程中，每分钟摸鼻子平均达26次之多。伊利诺依州某研究身体语言的精神病学家便由此得出结论：克林顿在撒谎，因为人在撒谎时，摸鼻子的次数会陡然增多。

这个故事告诉我们：

语言信息受理性意识控制，而身体语言则大都发自内心深处，多数是无意识显示出来的，极难压抑和掩饰。但这种无意识显示出来的东西，恰恰能够反映发送者的"真意"。所有，当语言信息与身体语言信息相矛盾时，宁愿相信身态语言表达的信息。

沟通知识

孔子说过："听其言而观其行。"也就是说，可以从言语来考察人的心理和品行。俗话又说"言为心声"，一个人的言谈实际上就是内心活动的直接反映。人们运用言语行为来沟通思想，表达情感，往往有词不达意或词难尽意的感觉。因此需要同时使用无声语言行为来进行帮助，使自己的意图得到更充分更完善的表达。

11.2.1 语速能反映人的内心变化

语速可以很微妙地反映出一个人说话时的心理状况，留意他的语速变化，你就留意到了他的内心变化。

如果一个平时伶牙俐齿，口若悬河的人，当他面对某个人时，却突然变得吞吞吐吐，反应迟钝。这时候一定是他有些事情瞒着对方，或者做错了什么事情，心虚，底气不足。

平常说话慢慢悠悠的人，面对一些人对他说出不利的话的时候，如果他用快于平常的语速大声地进行反驳，那么很可能这些话都是对他的无端诽谤；如果他支支吾吾，半天说不出话来，那么很可能这些指责就是事实，他自己心虚、中气不足。

当一个平时说话语速很快的人，或者说话语速一般的人，突然放慢了语速，就一定是在强调着什么东西，想引起别人的注意。

11.2.2 教你解读肢体语言

（1）嘴巴泄露你的心情

话从口出，嘴是人宣泄内心情感的重要通道。在交往中尤其是通过口头语言交流的时候，嘴部动作可谓丰富多样。其实这种种嘴部动作都与说话人的心理活动存在联系，都能反映出说话者的情绪。

嘴　型	内心状态
咬嘴唇	表明对方在自我谴责，自我解嘲，甚至自我反省
嘴唇的两端稍稍有些向后	表明对方正在注意听你说话，对你的言谈极有兴趣
嘴抿成"一"字形	下定了某个决心，这种人一般比较坚强，有股不达目的誓不罢休的毅力
嘴唇往前撅	表明他对接受到的外界信息，持有怀疑态度，并且希望能够得到肯定的回答；或者是一种撒娇的表现

（2）不会说谎的手势

①打手势因为太激动。为什么有些人喜欢一边说话一边"手舞足蹈"呢？一些研究认为，手势可以有效地反映情绪。当说话者的情绪非常饱满，想要传达的信息非常强烈时，言语本身已不足以携带全部的信息，这时，手势等肢体语言就能很好地帮助我们传递这些能量。所以，慷慨激昂时我们会挥舞手臂，义愤填膺时我们会攥紧拳头。

②摸耳朵是不耐烦。如果发生在倾听者的身上时，尤其当摸耳朵、侧脸、拉伸耳垂等动作频繁出现时，倾诉一方或者是正在滔滔不绝的演讲者就要小心了：你的发言已经让听众不耐烦了，你最好马上结束发言、调整话题或者更改说话的方式。

③遮嘴是说谎的体现。说话时用手遮一下嘴，在很大程度上传递着所说内容不大可信的信息，而这种行为的变种是说话时摸鼻子。

④假咳嗽是不自信的表现。这种人在说话的过程中、或在说完一段完整的话之后，就会握空拳到嘴边假咳嗽一声，分析这类人的性格会发现，他们多半都内心缺乏自信，行事较为拘谨、小心。

11.2.3 从说话方式看性格

如果你仔细听别人说话，并观察他们的举止，你会大致了解他们是怎样一种性格的人。掌握了这些，就可以根据情况选择自己的交往方式，达到完美互动的效果。下面随我来，全方位认识分析一下言谈举止性格说。

说话方式	性格分析
大声讲话的人	明朗的性格，讲话不虚假，人品正直
小声讲话的人	若不是性格上气度小，那就是善于谋略
窃窃私语的人	小心翼翼，神经质的性格，有某种秘密，口封密实，绝不流露真心的人
讲话嗲声嗲气的人	有双重人格的危险，善于编谎
讲话硬邦邦的人	个性强，独裁权威的性格
噘着嘴讲话的人	愤世嫉俗，不平不满，爱唠叨，愚痴的性格。不能替他人着想，自私.缺乏反省之心
讲话沉稳缓慢的人	思虑深，具有耐力性，是打心底可以信赖的人
讲话木讷的人	不善于讲话，但讲话予人诚实感，或因木讷之故，反而具有说服力，是能信赖的人
讲话不看对方的人	若不是害羞不敢看人，就是在撒谎，所以不敢正视对方
讲话频抖动的人	精神上焦虑不安，急躁的个性
摸着下巴讲话的人	过于自信，而有傲慢之气，有轻蔑他人之意阴险的性格
经常中断他人讲话的人	易怒反应快，与人讲话常常插嘴。因武断而造成判断错误。不能体贴对方，是轻率、自私的人

　　良好的言谈举止可以得到他人的理解和配合，有利于形成良好的双方关系；反之则不利于交往的顺利开展，还会增加彼此之间的隔阂。要想人际交往顺畅，我们现在开始就必须学会如何通过言谈举止来洞察他人心理秘密的本领。

🏠 拓展练习

　　①当你在一个陌生的环境里，你希望主人家用什么样的表情和态度来接待你？为什么？

　　②你喜欢怎样性格的人？为什么？

　　③分析自己是属于那种性格的人。

　　④你的第一次应聘是成功还是失败？为什么？

11.3　身体姿态暴露心理状态

沟通导航

①学会通过观察人常态下的姿势，进而了解他人此刻的心理状态；
②通过姿态的观察大致了解他人性格。

沟通案例

　　一个来自海外的男人应聘我们公司的职位，我们为此安排了一次面试。在面试进行的过程中，这个人的双臂和双腿始终保持互相交叉的姿势，显示出一种审慎思考的态度，而且他很少用手掌做出任何手势，眼神也总是游离不定。很明显在他心里怀有某种隐忧，但是在面试刚刚开始的阶段，我们还没有掌握足够的信息来判断这些消极的肢体语言所隐含的意义。

　　然后，我们向他提了一些问题，试图了解他以前在家乡工作时的雇主，但他在回答问题的同时做出大量摩擦眼睛和触摸鼻子的手势，而且依然是一副左顾右盼的神情。

　　最终我们没有录用他，因为他的肢体语言与他嘴上所表达的信息自相矛盾。事后，我们出于好奇心，与这个应聘者在海外的推荐人取得了联系。事实证明，这位应聘者在面试时的确捏造了虚假的工作经历。他或许认为，国外的雇主应该不会大费周折地拨打越洋电话，向自己的推荐人求证所有信息。

　　这个故事告诉我们：人的身体姿态在下意识里表达出了内心真实的内容，而我们如果忽视了肢体语言传递的信号，很可能就会错误地录取了他。

沟通知识

　　列宁在他生命的最后一年中已丧失了说话能力，有一天，一些工人去看望他，第二天报纸上竟登出了列宁与工人们交谈的内容。人们都感到很奇怪，以为列宁恢复了说话能力。其实，列宁正是借助姿势，表达出他想说的话，通过对姿势的了解，人们可以对别人的内心有所洞察，及时掌握他的思想动态。

姿势是个体运用身体或肢体作用表达某种情感及态度的体语，也是常见的沟通方式，应用范围比较宽泛。人与人之间的沟通，有70%是无声的，"尽在不言中"就是这个道理。这些不经意间的行为，是在自然而然当中不自觉地形成的，具有很强的稳定性，所以很难在轻易之中一下子就改正过来。这就为我们通过这些小动作去观察、了解和认识一个人提供了一些方便，因为当人在群体交往中肢体语言通常是一个人下意识的举动，它很少具有欺骗性，它比我们的语言更诚实。下面我们就来看一下，一些人习惯动作后面的心理和性格。

■ 11.3.1　站姿反映情绪

姿　势	内心状态
弯腰驼背的姿态	缺乏自信、沮丧的标志，也可能意味着此人对你或者你说的话不感兴趣
身体前倾的姿态	如果某人身体朝前倾，脖子往前伸的话，可以肯定的是这个人在生气。下颌也可能朝前撅着，双拳紧握着，是一种要进攻的姿势
僵硬的姿势	着军人一样呆板姿势的人经常在决策观点上很保守，很顽固。他们往往认为一件事情非黑即白，非此即彼，这种人天生就很霸道
有装腔作势的姿势	这样的人很做作，就像在摆造型，而且始终很在意别人是否在注意自己
中立的姿势	站立的时候把双手交叠放在自己前面。如果是坐着的话，他们会把双手交叉着放在膝盖上，双腿会交叉在膝盖以上，以采取一种观望的态度

■ 11.3.2　坐姿泄露你的秘密

坐立姿势	心理状态
正襟危坐	在陌生环境中，这往往是身份较低者紧张、重视对方的表现。但在亲友面前也如此，则说明这人可能比较认真、严肃，办事力求周密而严谨，但往往缺乏灵活性
脚踝交叉	在陌生环境中，这可能表示对环境安全性的不信任，女性这样做，还是羞涩、防备的表现。如果是在权威或上级面前这样做，则表示不自信
身体蜷缩	弯腰低头，小腿缩到凳子下、双手夹在大腿中。这是在尽量缩小自己占用的空间，仿佛在说"不要注意我"，这人要么自卑感重、属于服从型性格，要么是做错了事心中焦虑不安
双腿叉开	这种姿势占领了更多的空间，所以这种人大多性格外向主动、不拘小节，可能有支配性的性格，但也有自以为是或虚张声势的嫌疑
双腿并拢倾斜	常着裙装的职业女性采取这种坐姿，是有修养、庄重的表现。但若同时身体僵直、手紧紧抓住椅背，这表达的可能是对内心冲突的掩饰

续表

坐立姿势	心理状态
跷二郎腿	对身居高位的人士而言，是有优越感的表示。要是加上抖脚，可能是开心、放松，但也可能是不拘小节或脾气急躁的表现
伸直双腿	这种人多为"直肠子"，但也可能是舒适、放松的表现，若配以身体后仰，则可能表示无所谓、不感兴趣
托腮侧坐	可能是在认真倾听和思考，也可能是质疑对方的看法。对这种人，最好跟他核实、澄清后再继续交流
大腿并拢，小腿分开，脚尖呈"内八字"	这种人稍显内敛、内向，比较注重别人的看法
身体前倾、直视对方	说明对谈话感兴趣或愿意交流；如果是推销时客户出现这种姿势，则说明签单有望
将椅子转过来、跨骑而坐	这是攻守兼备的表示，这种人一般好胜、唯我独尊

■ 11.3.3　脚语真实反映你的内心

在我国丰富的语言词汇里，有许多描述脚语的形容词。这些形容词与其说是描写脚步的轻、重、缓、急、稳、沉、乱等，不如说是描述人的内心或稳定或失衡、或恬静或急躁、或安详或失措的状态。人往往因为心情的不同，走路的姿势、发出的脚步声也会有所不同。"脚语"的表达更接近于人们的下意识，所以从"脚语"中泄露的心理信息自然也就客观、可信了。试想：一个遇上十万火急情况的人，怎么可能悠闲地迈着四方步呢！下面我们一起来学习不同走路姿态人的心理情况。

走路大步流星的人：一般较开朗，直率；

走路稳重步子有节奏的人：则较成熟老练；

走路小心翼翼的人：往往比较细心精明；

走起路来匆匆忙忙，脚步重且乱：一定是个性格开朗、心直口快、不留心眼儿的痛快人；

看上去五大三粗，走路却是一副小心翼翼样子的人：肯定是个外粗内细的精明人，她干事往往以豪放的外表来掩盖严密的章法；

读懂"脚语"的变化，能帮助人们在环境中适时地调整交际策略，做到游刃有余。

说话办事与人打交道就是一个识人的过程，通过观察对方的身体姿态可以更好地帮助我们了解他人的心理状态，以便因时制宜，随机应变地做出对策。

拓展练习

①将同学们5人一小组划分，1人为观察者，其余4人均摆出不同姿态，由观察者通过观察并说出每个人的心理状态。

②用一周的时间观察身边的人的各种身体姿态，并写出一份观察报告。

11.4 内外结合看穿个性本质

沟通导航

①通过衣着颜色、款式，掌握分析他人性格的方法；

②学会各种类型性格分析。

沟通案例

三国时候，有一个叫桥玄的人，初见曹操便直言其有安抚百姓的才能。桥玄观察曹操的一言一行，心中感觉此人不简单，评价道："卿治世之能臣，乱世之奸雄也。"也就是说，曹操在太平无事的时候能当一个能干的大臣，而在乱世之时则能成为世间的奸雄。据说，曹操闻言大喜，认为桥玄是了解自己的人，后来一切事实也证实了桥玄的预言。

这个故事告诉我们：识人是有方法的，就是要求识人者要懂得从外部表现的细微之处来发现一个人的本质。

沟通知识

■ 11.4.1 通过穿衣打扮洞察他人

郭沫若曾说："衣服是文化的表征，衣服是思想的形象。"深谙心理洞察术的人知道，"服饰是人的第二种皮肤"，服饰是流动的文化，同时也是心灵自我显露的展示平台，也是人们了解他人心理的一个重要途径。

我们生活在用色彩表达自我的时代，尤其服装的色彩不仅左右我们着装者的情绪，影响我们的生活气氛也同样刺激到人的感官。人们往往从看到色彩的刹那起，由意识中产生喜欢或美丽或厌倦或庸俗的感觉，并对颜色加以评价。我们只有掌握了各种颜色的特性，才能更好地掌握顾客的心理，更好地为顾客提供服务，更好地把我们的产品推荐给顾客。

（1）从服饰色彩分析他人

颜　色	寓　意	性格特征
红色	活跃、热情、勇敢、健康、爱情	感情丰富、热情奔放、精力充沛，但抗挫折力较差，缺乏耐性
黄色	智慧、忠诚、希望、喜悦、注目	想象力丰富、性格外向、做事有创造力，见解独特，喜欢刺激富有冒险精神
白色	神圣、纯洁、无私、朴素、诚实	富于正义感，讨厌不正、不洁的朋友。意志坚定，内心不易动摇，但是一旦改变心意，就立刻转移方向
灰色	正派、诚实、成熟稳重	做事干练、教养良好且知识丰富；总是为别人着想，与人方便，与抛头露面相比，他们宁愿支持和突出他人
紫色调	权威、高贵、浪漫、优雅、孤独	多愁善感，焦虑不安，然而往往能够驾驭和控制内心感情的忧虑和苦恼。性格内向
蓝色调	自信、永恒、真理、真实、沉默、冷静	性格内向的人，有较强的判断力，很容易满足，能够保持平衡、调和，经常保持沉着、安定，安全感比较强烈；在人际关系中，处事得体，不急躁，能够避免种种纷争、嘈杂的局面
绿色调	公平、自然、幸福、理智、和平	典型的性格内向类型。基本上是一个追求和平的人。不过害怕独处，喜欢群体的生活，也因此擅长与周围的人保持良好的和谐关系
橙色调	富饶、充实、未来、友爱、豪爽、积极	活动力强，而且精力充沛，竞争心强、从不认输，喜怒哀乐都很激烈的行动派
黑色	神秘、寂寞、压力、严肃、刚毅、气势	比较隐忍，坚强，独立，遇事比较理智，不会轻易说出自己心中所想，想给别人一种有距离比较酷的感觉，有时这也是一种自我保护

（2）从服装款式了解他人

一个人的衣着打扮是他的主观意识和个性特征的真实反映。通过观察他人穿着的服装款式就可以看出一个人的心理和各项特征。

运动型：经常穿着运动型服装的人，精力充沛，积极乐观，有毅力和恒心。他们热爱运动，做事坚持，就算是失败了也不气馁，会很快振作起来。

套装型：喜欢穿着套装型服饰的男女士，都是事业心较强，并且做事有条不紊，非常严谨的人。

休闲型：容易接受他人，对他人没有太高要求，喜欢方便快捷。

潮流型：这类人喜欢受到他人的赞赏和认同，喜欢突出自己。不管服装本身适不适合自己，只要潮流流行什么就穿什么，没有什么个性。

名牌型：常穿名牌的人，要么是家里非常富有，从小偏爱娇生惯养；要么就是想通过服装让人觉得自己富有。这种人自尊心比较强，非常爱面子，花钱大方，交友较现实。

11.4.2　通过性格洞悉他人

性格是个人对现实的稳定态度和习惯化的行为方式，是个性心理特征的核心。下面我们将对人的九种性格分类来学习、了解如何洞悉他人内心世界：

完美型：他是一个完美主义者。原则性强，不易妥协，常说"应该"及"不应该"，追求完美，不断改进，对自己和别人的要求甚高。正因为对事事追求完美，故很难对自己或他人讲出称赞的话，更多时候只有批评。

助人型：他是一个给予者。很喜欢帮助人，主动、慷慨大方。渴望别人的爱和良好关系，通过热心帮助他人去肯定自己，要朋友接纳欣赏自己。但这种人占有和控制欲也强，在帮助他人同时也希望得到回报，就是希望对方事事与自己分享，若非如此就会觉得对方背叛了他。

成就型：他是一个实践者。着重形象，工作狂，以成就衡量自己的价值高低。会全心全力去追求一个目标，希望把自己最好的一面给朋友看，极端时会在朋友面前撒谎，以求自己在朋友心目中的形象。

艺术型：他是一个浪漫主义者。多愁善感，想象力丰富。艺术型的人有点自我，会在幻想里构建自己的世界，与身边人比较，觉得自己不同于他人，有点艺术家脾气。

智慧型：他是一个观察者。冷眼看世界，抽离情感，喜欢思考分析，对物质生活要求不高，喜欢精神生活，不善表达内心感受。是个很冷静的人，总想跟身边的人和事保持一定距离，很多时都会先做旁观者，后才可投入参与。

忠诚型：他是一个质问者。做事小心谨慎，不轻易相信别人，不喜欢受人注视，安于现状，不喜欢转换新环境。但当遇到新的人和事，都会令他产生恐惧、不安的感觉。

活跃型：他是一个享乐主义者。乐观，精力充沛、好动、贪新鲜、追求潮流就是生活哲学。在生活中不喜欢承受压力，不喜欢被束缚、被控制，怕负面情绪。因为怕闷所以做事缺乏耐性，很容易冲动行事。

领袖型：他是一个支配者。豪爽、不拘小节、自视甚高、遇强越强。这类人追求权力，讲求实力，不靠他人，喜欢做大事。

和平型：他是一个媒介者。与世无争、渴望和平、善解人意，随和，很多情况下都是和平使者。很容易了解别人，却不是太清楚自己想要什么，会显得优柔寡断。

🏠 拓展练习

将同学们按照前后座位划分成4人一小组，然后指定1名为被测试者，其余3人分别从她的衣服颜色、款式等方面着手来分析测试者的类型以及外表所折射出来的内心世界。然后由测试者来点评3名同学的分析的准确率。通过这个测试游戏来锻炼同学们通过内外结合来识人的能力。

沟通体验

沟通游戏：

提高学员表达能力的培训游戏。可以作为培训会议活动开始前的学员相互沟通。

将学员们分为2人一组，让他们进行2~3分钟的交流，交谈的内容不限。

当大家停下以后，请学员们彼此说一下对方有什么非语言表现，包括肢体语言或者表情，比如有人老爱眨眼，有人会不时地撩一下自己的头发问这些做出无意识动作的人是否注意到了这些行为。

让大家继续讨论2~3分钟，但这次注意不要有任何肢体语言，看看与前次有什么不同。

相关讨论：

在第一次交谈中，有多少人注意到了自己的肢体语言？

对方有没有什么动作或表情让你觉得极不舒服，你是否告诉他了你的这种情绪？

当你不能用你的动作或表情辅助你的谈话的时候，有什么样的感觉？是否会觉得很不舒服？

总结：

人与人之间的交流是两个方面的：一方面是语言的，另一方面是非语言的，这两个方面互为补充，缺一不可有时候非语言传达的信息比语言还要更加精确，比如如果一个人不停的向你以外的其他地方看去，你就可以理解到他对你们的谈话缺乏兴趣，需要调动他的积极性了。

同样，在日常的生活工作中，为了让别人对你有一个更好的印象，一定要注意戒除自己那些不招人喜欢的动作或表情，注意用一些良好的手势表情帮助你的交流，因为好的肢体语言会帮助你的沟通，坏的肢体语言会阻碍我们的社交。

参与人数：2人一组

时间：10分钟

场地：不限

应用：①培训会议活动开始前的学员相互沟通

　　　②沟通技巧训练